大方廣佛華嚴經

일러두기

1. 『대방광불화엄경 강설』 원문原文의 저본底本은 근세에 교정이 가장 잘 되었다고 정평이 나 있는 대만臺灣의 불타교육기금회佛陀教育基金會에서 출판한 『화엄경소초華嚴經疏鈔』본입니다.

2. 『대방광불화엄경 강설』은 실차난타實叉難陀가 695년부터 699년까지 4년에 걸쳐 번역해 낸 80권본卷本 『대방광불화엄경』을 우리말로 옮기고 강설을 붙인 것입니다.

3. 『대방광불화엄경』은 애초 산스크리트에서 한역漢譯된 경전이지만 현재 산스크리트본은 소실된 상태입니다. 산스크리트를 음차한 경우 군이 원래 소리를 표기하려고 하기보다는 『표준국어대사전』이나 『불교사전』 등에 등재된 한자음을 사용하는 것을 원칙으로 하였습니다.

4. 경문의 한글 번역은 동국역경원본을 참고하여 그대로 또는 첨삭을 하며 의미대로 번역하고 다듬었습니다.

5. 각 품마다 내용에 따라 단락을 나누고 제목을 달았습니다. 단락의 제목은 주로 청량清凉스님의 견해에 기초하였고 이통현李通玄장자의 견해를 참고로 하였습니다.

6. 『대방광불화엄경 강설』의 발행 순서는 한역 경전의 편재 순서를 기준으로 하였고 각 권은 단행본 한 권씩으로 출간될 예정이며 모두 80권으로 완간됩니다. 다만 80권본에 빠져 있는 「보현행원품」은 80권본 완역 및 강설 후 시리즈에 포함돼 추가될 예정입니다.

7. 『대방광불화엄경 강설』 안에서 불교용어를 풀이한 것은 운허스님이 저술하고 동국역경원에서 편찬한 『불교사전』을 인용하였습니다.

8. 각주의 청량스님의 소疏는 대만에서 입력한 大方廣佛華嚴經 사이트의 것을 사용하였습니다.

9. 『대방광불화엄경 강설』 입법계품에 들어가는 문수지남도는 북송北宋시대 불국佛國선사가 선재동자가 53명의 선지식을 친견하여 법을 구하는 장면을 하나하나 그림으로 그린 것입니다.

대방광불화엄경 강설
제 40 권

二十七. 십정품十定品 1

실차난타實叉難陀 한역
무비스님 강설

서문

　그때에 세존께서 마갈제국 아란야 법法 보리도량에서 비로소 정각正覺을 이루시고, 보광명전普光明殿에서 찰나제 제불삼매刹那際諸佛三昧에 드시었습니다.

　세존께서 삼매에 드시니 증득하신 바의 일체 지혜 자체의 신통한 힘으로 여래의 몸을 나타내었습니다.

　여래의 몸은 몸이지만 텅 비어 청정하므로 무엇에도 걸림이 없었습니다.

　또 여래의 몸은 몸이지만 텅 비어 청정하므로 어디에도 의지할 데가 없으며 무엇과도 반연할 것이 없었습니다.

　또 여래의 몸은 몸이지만 텅 비어 청정하므로 사마타奢摩他에 머물러서 지극히 고요하고 또 고요합니다.

그러나 큰 위엄과 덕을 갖추고 계시면서도 어디에도 물들고 집착하는 것이 없었습니다. 그래서 여래의 청정한 몸을 친견하는 사람은 모두 다 저절로 깨달음을 얻었습니다.

　　그러므로 알맞은 때를 맞춰서 세상에 출현하시어 중생들을 교화할 시기를 놓치지 아니합니다.

　　이러한 여래의 몸으로서 항상 한 가지 모양에 머무시니, 이른바 모양 없는 몸입니다. 시회대중時會大衆은 보는 것이 없는 것으로 여래를 보시고[無見而見] 깨달음을 얻으소서.

2016년 3월 15일

신라 화엄종찰 금정산 범어사

如天 無比

대방광불화엄경 목차

대방광불화엄경 강설 제40권

二十七. 십정품十定品 1

대방광불화엄경 강설

제40권

二十七. 십정품 1

7처 9회 39품 중에서 제6회 타화자재천궁에서 십지十地법문을 설해 마치고 제7회의 설법이 시작되었다. 제7회 법문은 두 번째 보광명전에서 11개의 품을 설하는데, 그 내용은 등각等覺 법문이 6품이고, 묘각妙覺 법문이 3품이고, 평등한 인因의 법문 1품과 평등한 과果의 법문 1품이다.

십정품十定品은 이와 같은 11품 중에 첫째 품으로서 열 가지 선정[三昧]에 대한 설법이다. 세존이 마갈제국 아란야 법法보리도량에서 비로소 정각正覺을 이루시고 보광명전普光明殿에서 찰나제 제불삼매刹那際諸佛三昧에 드시어 여래의 모습을 나타내고는 형상이 없는 데 머물렀다. 그때에 금강혜보살과 여러 보살들이 모여 왔고 보안보살이 '보살들의 부사의하고 광대한 삼매'를 부처님께 물었다.

부처님은 보현보살에게 보안보살의 질문에 대하여 설명하기를 청하고, 모든 보살들에게는 넓은 광명 큰 삼매[普光大三昧]와 묘한 광명 큰 삼매[妙光大三昧]와 차례대로 모든 불국토에 두루 가는 큰 삼매[次第徧往諸佛國土大三昧] 등 열 가지 삼매가 있는데 이 삼매를 닦아 이루면 그 사람은 곧 부처님이며, 여래며, 열 가지 힘을 얻은 사람이며, 도사며, 대도사며, 일체 지혜며, 일체를 보며, 걸림이 없는 데 머물며, 모든 경계를 통달하며, 일체 법에 자재하다고 명명하셨다. 곧 등각위의 법을 나타낸 이름들이다.

1. 세존의 정각과 찰나제 제불삼매

이 시   세 존   재 마 갈 제 국 아 란 야 법 보 리 장 중
爾時에 **世尊**이 **在摩竭提國阿蘭若法菩提場中**

시 성 정 각   어 보 광 명 전   입 찰 나 제 제 불 삼
하사 **始成正覺**하사 **於普光明殿**에 **入刹那際諸佛三**

매
昧하사

그때에 세존이 마갈제국 아란야 법法 보리도량에서 비로소 정각正覺을 이루시고 보광명전普光明殿에서 찰나제 제불삼매刹那際諸佛三昧에 드시었습니다.

세존이 보리도량에서 비로소 정각을 이루시고 나서 바로 그 자리에서 7처 9회 중 첫 법회를 열었다. 그것이 제1회 6품 설법이다. 다음에는 장소를 옮겨 보광명전에서 제2회 설법을 하시었다. 역시 6품으로 된 십신 법문이다. 다음 제3회에

는 도리천에서 십주 법문을 설하시고, 다음 제4회에는 야마
천에서 십행 법문을 설하시고, 다음 제5회에는 도솔천에서
십회향 법문을 설하시고, 다음 제6회에는 타화자재천에서
십지 법문을 설하시고, 이번 제7회에는 재차 보광명전에서
등각과 묘각 법문을 설하신다.

이 모든 법문은 세존의 정각으로부터 비롯하였고 다시
모든 보살은 세존의 정각에 이르고자 하는 것이므로 새삼스
럽게 세존의 정각을 상기한 것이다. 다만 보광명전이라는 장
소에서 찰나제 제불삼매에 드신 일로부터 법문이 시작되고
있음을 특별히 밝혀 앞으로 열 가지 삼매의 법문[十定]이 설해
짐을 드러냈다. 이것이 곧 세존은 법을 증명하시고 보살들
이 문답을 주고받으며 법을 설하는 모습이다. 또 경전이 언
제나 그렇듯이 그 서두는 경전을 결집한 경가經家가 서술한
것으로 시작하였다.

청량스님은 소疏에서, "찰나제刹那際 삼매에 들어간다는
것은 곧 법의 참된 근원[眞源]을 다한 것인데 이를테면 시간이
지극히 짧은 것을 이름하여 찰나라 하고, 그 찰나를 다하여
시간의 모양이 모두 적멸하여 경계[際]가 없는 경계를 찰나제

라 한다."[1] 라고 하였다.

이 일 체 지 자 신 통 력   현 여 래 신   청 정 무
以一切智自神通力으로 **現如來身**하시니 **淸淨無**

애
礙하며

일체 지혜 자체의 신통한 힘으로 여래의 몸을 나타
내니, 텅 비어서[淸淨] 걸림이 없었습니다.

세존이 찰나제 제불삼매에 드신 내용을 하나하나 밝혔
다. 일체 지혜는 그 자체로써 신통한 힘을 가졌다. 그것이 곧
여래의 몸이다. 그러나 그 몸은 텅 비어 걸림이 없다. 유형한
몸이라면 모든 시간과 모든 공간에 걸림이 있을 것이다.

무 소 의 지   무 유 반 연
無所依止하며 **無有攀緣**하며

---

1) 【入刹那際三昧】者, 即窮法真源 : 謂時之極促名曰刹那, 窮彼刹那, 時相都寂,
  無際之際, 名刹那際.

의지할 데가 없고 반연할 것이 없었습니다.

세존이 찰나제 삼매에 드니 그 몸이 텅 비어서[淸淨] 걸림이 없으므로 의지할 데가 없고 반연할 것이 없다. 의지할 데가 있고 반연할 것이 무수히 많은 중생들의 몸을 생각해 보자. 먼저 의식주에 의지해야 하고, 시간과 공간과 계절과 온도와 습도 등에 반연해야 유지가 된다. 오온의 몸이니 온갖 문제가 따르고 그 문제들을 해결해야 하니 팔만사천의 번뇌가 저절로 따라 일어난다. 이 몸이 텅 비어서 걸림이 없다면 얼마나 자유로울까.

住奢摩他하야 **最極寂靜**하며

사마타에 머물러 지극히 고요하고 고요합니다.

사마타奢摩他는 범어로 Samatha라 하고 팔리어로 Samatha라 하는데, 지止 · 지식止息 · 적정寂靜 · 능멸能滅이라 번역한다. 우리의 마음 가운데 일어나는 망념妄念을 쉬고 마음이 한 곳에 머무는 것이다. 마음이 한 곳에 머문다는 것은 마음은 실체가 없으므로 머무는 곳도 없고 머무는 실체도 없다는 뜻이다. 그래서 지극히 고요하고 고요하다. 상대적인 말로는 비바사나毘婆舍那가 있다. 비바사나는 범어로 Vipaśyanā라 하고 또는 비발사나毘鉢舍那라 하는데 능견能見 · 정견正見 · 관찰觀察 · 관觀이라 번역한다. 자세히 관찰하여 잘못됨이 없게 하는 것이다.

구 대 위 덕 　　 무 소 염 착
具大威德하며 **無所染着**하며

큰 위엄과 덕을 갖추고 물들고 집착하는 것이 없습니다.

만약 세속적인 위엄과 덕을 갖추었다면 얼마나 물들고 집착함이 많겠는가. 세존은 삼매로써 그 삶을 표현한다. 삼매에 의하여 드러난 위엄과 덕은 그 어떤 물듦도 집착도 있을 수 없다.

능 령 견 자　실 득 개 오
能令見者로 **悉得開悟**하며

보는 이로 하여금 모두 깨닫게 합니다.

　　나옹懶翁스님의 축원문에 "나의 이름을 듣는 이는 삼악도의 고통을 면하고 나의 모습을 보는 이는 해탈을 얻어지이다."[2]라는 구절이 있다. 찰나제 삼매에 들어가신 세존의 모습을 보는 이는 모두 깨달음을 얻게 될 것이다. 만약 깨달음의 안목이 없다면 어찌 삼매에 드신 세존을 볼 수 있겠는가.

수 의 출 흥　불 실 어 시
隨宜出興하야 **不失於時**하며

마땅함을 따라 태어나서 시기를 놓치지 아니합니다.

　　수호지에 등장하는 108성군의 우두머리 송강의 호가 '급시우給時雨'이다. 그들은 체천행도替天行道라 하여 하늘을 대신해서 천하에 바른 도를 행한다는 말로 작당의 명분을 삼았

---

2) 聞我名者免三途 見我形者得解脫.

다. 우두머리의 호를 '때에 맞춰 비를 내린다.'는 '급시우給時
雨'라 한 것은 자신들을 세상에서 필요로 하는 시기에 맞춰
서 일어났다는 뜻이다. 불보살이 세상에 출현하는 것은 반
드시 그들을 필요로 하는 때에 맞춰서 출현한 것이리라.

항 주 일 상　　소 위 무 상
恒住一相하니 **所謂無相**이러라

항상 한 가지 모양에 머무시니 이른바 모양 없는 것
[無相]이었습니다.

군이 표현하자면 세존은 오직 한 가지 모양에만 머문다.
그 모양은 모양 없는 모양이다. 십정 법문을 설하기에 앞서
그 법문을 증명하시는 세존의 찰나제 삼매에 드신 내용을 이
와 같이 밝혔다.

2. 법회의 대중

1) 대중들의 덕을 밝히다

여 십 불 찰 미 진 수 보 살 마 하 살　　구　　미 불 개
與十佛剎微塵數菩薩摩訶薩로 **俱**하사 **靡不皆**

입 관 정 지 위　　　구 보 살 행
入灌頂之位하며 **具菩薩行**하며

　열 부처님 세계의 작은 먼지 수와 같이 많은 보살마
하살과 함께 계시었으니, 모두 정수리에 물 붓는 지위
[灌頂之位]에 들어가 보살의 행을 갖추었습니다.

　십정 법문을 설하는 법회에 모인 대중들에 대해서 이야기
한다. 먼저 그 수효가 매우 많다. 열 개의 지구를 부수어 작
은 먼지로 만들었을 때 그 수와 같이 많고 많은 보살들이다.
그리고 그들의 덕을 밝히는데 모두 정수리에 물 붓는 지위[灌

頂之位]에 들어가 보살의 행을 갖춘 이들이다. 정수리에 물 붓는 지위란 곧 부처님의 대를 잇는 지위다. 대를 잇는다는 것은 부처님이 하시는 중생을 교화하는 행의 일을 다 맡아서 하는 지위임을 뜻하므로 그 덕도 또한 부처님과 크게 다를 바 없다.

등 우 법 계　　무 량 무 변
等于法界하며 **無量無邊**하며

법계와 평등하여 한량없고 그지없었습니다.

열 개의 지구를 부수어 작은 먼지로 만들었을 때 그 수와 같이 많고 많은 보살들의 덕은 법계와 평등하여 한량없고 그지없다.

획 제 보 살　　보 견 삼 매
獲諸菩薩의 **普見三昧**하며

모든 보살들의 두루 보는 삼매를 얻었습니다.

무수히 많은 법회 대중은 모든 보살들이 널리 보는 삼매를 다 같이 얻었다.

대 비 안 은 일 체 중 생
大悲安隱一切衆生하며

크게 가엾이 여기는 마음으로 일체 중생을 편안케 하였습니다.

대승보살불교의 가르침은 비록 자기 자신은 해탈과 열반을 얻지 못했더라도 다른 중생들을 먼저 교화해야겠다는 마음으로 일체 중생을 크게 가엾이 여겨서 편안하게 해 주는 것이다. 이것이 참다운 불교며, 진정한 불교며, 이상적인 불교다. 열 개의 지구를 부수어 작은 먼지로 만들었을 때 그 수와 같이 많고 많은 보살들은 모두 이와 같은 참다운 불교를 실천한다.

신 통 자 재　　동 어 여 래
神通自在하야 **同於如來**하며

신통이 자유로움이 여래와 같았습니다.

그 많고 많은 보살들의 신통이 자유자재한 것이 여래와 꼭 같다. 등각_{等覺}이라는 말은 모든 지혜와 자비와 신통이 완전한 깨달음을 이룬 부처님과 동등하다는 뜻이다.

지 혜 심 입　　연 진 실 의
智慧深入하야 **演眞實義**하며

지혜에 깊이 들어가서 진실한 이치를 연설하십니다.

무수히 많은 이 법회의 대중들은 한결같이 깨달음의 지혜에 깊이 들어가서 진실한 이치만을 연설한다. 깨달음의 지혜가 있지 않거나 대승불교의 가르침을 깊이 공부하지 않으면 진실한 이치를 알 수 없어서 가르칠 수도 없다.

구 일 체 지　　항 복 중 마
具一切智하야 **降伏衆魔**하며

일체 지혜를 갖추어 여러 마군들을 항복받으십니다.

　밖에 있는 마군이나 안에 있는 마군이나 모든 마군을 항복받으려면 일체 지혜를 원만히 갖추어야 한다. 만약 지혜가 없다면 마군을 제대로 항복받을 수 없다.

수 입 세 간　　심 항 적 정
雖入世間이나 **心恒寂靜**하며

비록 세간에 들어갔으나 마음은 항상 고요하십니다.

　대승 보살은 세속의 중생들을 교화하기 위해서 언제나 세속 안에서 산다. 그러나 중생들과 같이 마음이 온갖 번뇌로 항상 시끄럽지는 않다. 중생들과 더불어 같이 아파하고 같이 고통을 겪지만 그 마음은 언제나 고요하다. 이것이 중생과 대승보살의 다른 점이다.

주 어 보 살　　무 주 해 탈
住於菩薩의 **無住解脫**하시니라

보살의 머문 데 없는 해탈에 머무른 이들이었습니다.

소승들은 한 번 해탈을 얻으면 영원히 그 해탈 안에서 머무른다. 그러나 대승 보살들은 해탈과 열반을 증득하지만 그 해탈과 열반에 머물러 있지만은 않는다. 이것이 소승의 해탈과 대승 보살 해탈의 다른 점이다. 십정 법문을 설하는 법회에 모인 무수히 많은 보살들의 덕을 이와 같이 간단히 설하여 마쳤다. 경문은 간단하지만 대승 보살의 길이 잘 표현된 가르침이다.

2) 동명同名의 보살대중

기 명 왈 금 강 혜 보 살　　무 등 혜 보 살　　의 어 혜 보
其名曰金剛慧菩薩과 **無等慧菩薩**과 **義語慧菩**

살　　최 승 혜 보 살　　상 사 혜 보 살　　나 가 혜 보 살
薩과 **最勝慧菩薩**과 **常捨慧菩薩**과 **那伽慧菩薩**과

성취혜보살　조순혜보살　대력혜보살　난사
成就慧菩薩과 調順慧菩薩과 大力慧菩薩과 難思

혜보살
慧菩薩과

　그 이름은 금강혜金剛慧보살과 무등혜無等慧보살과 의
어혜義語慧보살과 최승혜最勝慧보살과 상사혜常捨慧보살과
나가혜那伽慧보살과 성취혜成就慧보살과 조순혜調順慧보살
과 대력혜大力慧보살과 난사혜難思慧보살이었습니다.

　　　무애혜보살　증상혜보살　보공혜보살　　여
　　　無礙慧菩薩과 增上慧菩薩과 普供慧菩薩과 如

리혜보살　선교혜보살　법자재혜보살　　법혜
理慧菩薩과 善巧慧菩薩과 法自在慧菩薩과 法慧

보살　적정혜보살　허공혜보살　일상혜보살
菩薩과 寂靜慧菩薩과 虛空慧菩薩과 一相慧菩薩과

　무애혜無礙慧보살과 증상혜增上慧보살과 보공혜普供慧보
살과 여리혜如理慧보살과 선교혜善巧慧보살과 법자재혜法自
在慧보살과 법혜法慧보살과 적정혜寂靜慧보살과 허공혜虛空
慧보살과 일상혜一相慧보살이었습니다.

선혜보살　여환혜보살　광대혜보살　세력
善慧菩薩과 **如幻慧菩薩**과 **廣大慧菩薩**과 **勢力**

혜보살　세간혜보살　불지혜보살　진실혜보
慧菩薩과 **世間慧菩薩**과 **佛地慧菩薩**과 **眞實慧菩**

살　존승혜보살　지광혜보살　무변혜보살
薩과 **尊勝慧菩薩**과 **智光慧菩薩**과 **無邊慧菩薩**이니라

　선혜善慧보살과　여환혜如幻慧보살과　광대혜廣大慧보살과

세력혜勢力慧보살과　세간혜世間慧보살과　불지혜佛地慧보살

과　진실혜眞實慧보살과　존승혜尊勝慧보살과　지광혜智光慧보

살과　무변혜無邊慧보살이었습니다.

　법회에 모인 대중들에는 열 부처님 세계의 작은 먼지 수

와 같이 많은 보살마하살이 있는데 그중에서 1백 명의 보살

들을 들었다. 먼저 동명同名 보살대중 30명의 이름을 열거하

였다. 이름에 모두 혜慧 자가 들어가기 때문에 동명이라 한

다. 청량스님은 소에서, "이름을 열거하는 중에 1백 명의 보

살이 있다. 처음 30명이 다 같이 이름이 혜慧라는 것은 순수

한 덕을 표한 까닭이고, 염장엄보살 이하 70명의 보살이 다

른 이름인 것은 서로 다른 덕을 표한 까닭이다."[3]라고 하였

다. '순수한 덕'이란 깨달음의 가르침이 지혜를 근본으로 하기 때문이다.

3) 이명異名의 보살대중

염장엄보살 달공제보살 성장엄보살
念莊嚴菩薩과 達空際菩薩과 性莊嚴菩薩과

심심경보살 선해처비처보살 대광명보살
甚深境菩薩과 善解處非處菩薩과 大光明菩薩과

상광명보살 요불종보살 심왕보살 일행보
常光明菩薩과 了佛種菩薩과 心王菩薩과 一行菩

살
薩과

염장엄念莊嚴보살과 달공제達空際보살과 성장엄性莊嚴보살과 심심경甚深境보살과 선해처비처善解處非處보살과 대광명大光明보살과 상광명常光明보살과 요불종了佛種보살과 심

---

3) 列名中, 一百菩薩：初有三十, 同名慧者, 表純德故.【念莊嚴】下, 七十菩薩別名者, 表雜德故.

왕心王보살과 일행一行보살이었습니다.

　　　상현신통보살　　지혜아보살　　공덕처보살
　　常現神通菩薩과　智慧芽菩薩과　功德處菩薩과

법등보살　조세보살　지세보살　최안은보살
法燈菩薩과　照世菩薩과　持世菩薩과　最安隱菩薩

　　　최상보살　　무상보살　　무비보살
과　最上菩薩과　無上菩薩과　無比菩薩과

　　　상현신통常現神通보살과　지혜아智慧芽보살과　공덕처功德
處보살과　법등法燈보살과　조세照世보살과　지세持世보살과
최안은最安隱보살과　최상最上보살과　무상無上보살과　무비無
比보살이었습니다.

　　　초륜보살　　무애행보살　　광명염보살　　　월
　　超倫菩薩과　無礙行菩薩과　光明焰菩薩과　　月

광보살　일진보살　견고행보살　주법우보
光菩薩과　一塵菩薩과　堅固行菩薩과　霍法雨菩

살　최승당보살　보장엄보살　지안보살
薩과 最勝幢菩薩과 普莊嚴菩薩과 智眼菩薩과

초륜超倫보살과 무애행無礙行보살과 광명염光明焰보살과
월광月光보살과 일진一塵보살과 견고행堅固行보살과 주법
우雨法雨보살과 최승당最勝幢보살과 보장엄普莊嚴보살과 지
안智眼보살이었습니다.

법안보살　혜운보살　총지왕보살　무주
法眼菩薩과 慧雲菩薩과 總持王菩薩과 無住

원보살　지장보살　심왕보살　내각혜보살
願菩薩과 智藏菩薩과 心王菩薩과 內覺慧菩薩과

주불지보살　다라니용건력보살　지지력보
住佛智菩薩과 陀羅尼勇健力菩薩과 持地力菩

살
薩과

법안法眼보살과 혜운慧雲보살과 총지왕總持王보살과 무
주원無住願보살과 지장보살智藏보살과 심왕心王보살과 내
각혜內覺慧보살과 주불지住佛智보살과 다라니용건력陀羅尼勇
健力보살과 지지력持地力보살이었습니다.

묘월보살　수미정보살　보정보살　보광
妙月菩薩과　須彌頂菩薩과　寶頂菩薩과　普光

조보살　위덕왕보살　지혜륜보살　대위덕보
照菩薩과　威德王菩薩과　智慧輪菩薩과　大威德菩

살　대용상보살　질직행보살　불퇴전보살
薩과　大龍相菩薩과　質直行菩薩과　不退轉菩薩과

　묘월妙月보살과 수미정須彌頂보살과 보정寶頂보살과 보
광조普光照보살과 위덕왕威德王보살과 지혜륜智慧輪보살과
대위덕大威德보살과 대용상大龍相보살과 질직행質直行보살
과 불퇴전不退轉보살이었습니다.

지법당보살　무망실보살　섭제취보살
持法幢菩薩과　無忘失菩薩과　攝諸趣菩薩과

부사의결정혜보살　유희무변지보살　무진
不思議決定慧菩薩과　遊戲無邊智菩薩과　無盡

묘법장보살　지일보살　법일보살　지장보살
妙法藏菩薩과　智日菩薩과　法日菩薩과　智藏菩薩

　지택보살
과　智澤菩薩과

지법당持法幢보살과 무망실無忘失보살과 섭제취攝諸趣보살과 부사의결정혜不思議決定慧보살과 유희무변지遊戲無邊智보살과 무진묘법장無盡妙法藏보살과 지일智日보살과 법일法日보살과 지장智藏보살과 지택智澤보살이었습니다.

보견보살 　불공견보살 　금강용보살 　금강
普見菩薩과　不空見菩薩과　金剛踊菩薩과　金剛

지보살 　금강염보살 　금강혜보살 　보안보살
智菩薩과　金剛焰菩薩과　金剛慧菩薩과　普眼菩薩

불일보살 　지불금강비밀의보살 　보안경계
과　佛日菩薩과　持佛金剛秘密義菩薩과　普眼境界

지장엄보살 　여시등보살마하살 　십불찰미
智莊嚴菩薩이라　如是等菩薩摩訶薩이　十佛刹微

진수 　왕석 　개여비로자나여래 　동수보살제
塵數니　往昔에　皆與毘盧遮那如來로　同修菩薩諸

선근 행
善根行하시니라

보견普見보살과 불공견不空見보살과 금강용金剛踊보살과 금강지金剛智보살과 금강염金剛焰보살과 금강혜金剛慧보살

과 보안普眼보살과 불일佛日보살과 지불금강비밀의持佛金剛
秘密義보살과 보안경계지장엄普眼境界智莊嚴보살이었습니다.
이와 같은 보살마하살들이 열 부처님 세계의 작은 먼지
수와 같이 있으니, 옛날에 모두 비로자나 부처님과 함
께 보살의 모든 착한 행을 같이 닦은 이들이었습니다.

다음은 70명의 각각 다른 이름을 가진 보살들을 열거하
였다. 모두가 지혜를 근본으로 하고, 그 지혜를 바탕으로
각각 다른 덕을 지녔음을 밝혔다. 이와 같은 보살마하살들
이 열 부처님 세계의 작은 먼지 수와 같이 많이 동참하였고,
그들은 모두 옛날에 비로자나 부처님과 함께 보살의 착한
행을 같이 닦은 이들이었음을 밝혔다.

열 부처님 세계의 작은 먼지 수와 같이 많은 보살들과 함
께 구체적으로 이름을 밝힌 1백 명의 보살과, 십정품 설법의
주인인 보현普賢보살과, 그 설법을 이끌어 내는 역할을 한 보
안普眼보살 등 102명의 보살이 부처님의 증명 아래 모여 있
는 그 장엄한 법회를 상상해 보라. 청명한 가을 하늘에 눈길
닿는 데까지 아득히 멀리 구름 대중이 운집한 광경을. 눈물

이 고이고 가슴이 떨린다. 이 감동을 표현할 수 없음이 무척
이나 안타깝다.

.

3. 보안普眼보살이 법을 청하다

이 시   보안보살마하살   승불신력   종 좌
爾時에 **普眼菩薩摩訶薩**이 **承佛神力**하사 **從座**

이 기   편 단 우 견   우 슬 착 지   합 장 백 불 언
而起하야 **偏袒右肩**하며 **右膝着地**하고 **合掌白佛言**
하사대

　그때에 보안보살마하살이 부처님의 신력을 받들어
자리에서 일어나 오른 어깨를 드러내고 오른 무릎을 땅
에 대고 합장하여 부처님께 말씀드렸습니다.

　문득 보안보살이 자리에서 일어나 오른 어깨를 드러내고
오른 무릎을 땅에 대어 진실을 표하고 나서 합장하고 부처
님께 법을 묻고자 하니 허락해 달라고 간청하였다. 그동안
화엄경에서는 볼 수 없었던 질문 의식이다. 다른 경문에서도
'오른 어깨를 드러내고 오른 무릎을 땅에 대는 것'은 법을 묻

는 데 있어 오직 진실로써 묻는 것이지 추호의 거짓이 없다는 것을 표현하는 인도 고유의 예의라 한다.

세존 아 어 여래 응정 등각 욕유 소문
世尊하 **我於如來應正等覺**에 **欲有所問**이로소니

원 수 애 허
願垂哀許하소서

"세존이시여, 제가 여래 응공 정등각께 묻고자 합니다. 원컨대 어여삐 여겨 허락하여 주십시오."

불 언 보 안 자 여 소문 당 위 여 설
佛言하사대 **普眼**아 **恣汝所問**하라 **當爲汝說**하야

영 여 심 희
令汝心喜케호리라

부처님께서 말씀하시었습니다. "보안보살이여, 마음대로 물어라. 내가 마땅히 그대에게 말하여 그대의 마음을 기쁘게 하여 주리라."

사랑하는 제자 보안보살이 깊고 깊은 법을 질문하고자 하는데 부처님이 왜 거절하시겠는가. 참으로 기다리고 기다리던 바다. 그래서 기쁜 마음으로 허락하셨으며, 또 그대를 기쁘게 하겠노라고 하셨다. 설사 부족한 공부로써 스승 노릇을 하더라도 누가 와서 질문을 하는 것보다 기쁜 일은 없다. 누구라도 성의를 다해서 질문에 답을 한다. 하물며 부처님이시겠는가.

보안보살   언   세존   보현보살   급주보
普眼菩薩이 言하사대 世尊하 普賢菩薩과 及住普

현소유행원제보살중   성취기하삼매해탈
賢所有行願諸菩薩衆이 成就幾何三昧解脫하야

이어보살제대삼매   혹입혹출   혹시안주
而於菩薩諸大三昧에 或入或出하고 或時安住하며

이어보살불가사의광대삼매   선입출고   능어
以於菩薩不可思議廣大三昧에 善入出故로 能於

일체삼매   자재   신통변화   무유휴식
一切三昧에 自在하야 神通變化가 無有休息이니잇고

보안보살이 말하였습니다. "세존이시여, 보현보살과 보현보살이 지닌 행과 서원에 머문 모든 보살들이 얼마나 많은 삼매와 해탈을 성취하였기에 보살의 모든 큰 삼매에 들기도 하고 나기도 하며 혹은 편안히 머물기도 합니까? 또 보살의 불가사의한 넓고 큰 삼매에 잘 들어가고 나옴으로써 능히 일체 삼매에 자유로우며 신통과 변화가 쉬지 않는 것입니까?"

　　보안보살이 질문한 내용을 다시 밝히면, "보현보살과 보현보살의 행원에 머문 모든 보살들이 얼마나 많은 삼매와 해탈을 성취하였기에 보살의 모든 큰 삼매에 들기도 하고 나기도 하며, 혹은 편안히 머물기도 합니까?" "또 보살의 불가사의한 넓고 큰 삼매에 잘 들어가고 나옴으로써 능히 일체 삼매에 자유로우며 신통과 변화가 쉬지 않는 것입니까?"라는 것이다. 열 가지 삼매를 설하는 십정十定 법문이므로 삼매에 대해서 질문하였다.

佛言하사대 善哉라 普眼아 汝爲利益去來現在
諸菩薩衆하야 而問斯義로다

부처님이 말씀하시었습니다. "훌륭하여라, 보안이여. 그대가 과거와 미래와 현재의 모든 보살들을 이익되게 하려고 이런 이치를 묻는 것이로다."

법을 설하는 자리에서 만약 질문을 하게 되면 그 질문은 자신의 이익뿐만 아니라 동참하고 있는 모든 대중들에게도 이익이 되는 질문이어야 한다. 그뿐만 아니라 오랜 시간을 두고 많은 대중들에게 이익이 되는 질문이어야 한다. 보안보살의 삼매에 대한 질문은 과거와 미래와 현재의 모든 보살들을 이익되게 하는 질문이라고 부처님이 찬탄하시었다.

4. 법을 설할 사람을 보이다

1) 보현보살의 덕을 밝히고 법 청하기를 권유하다

普眼_아 普賢菩薩_이 今現在此_{하니} 已能成就不
可思議自在神通_{하야} 出過一切諸菩薩上_{하야} 難
可値遇_며

"보안이여, 보현보살이 지금 여기 있나니, 이미 불가
사의한 자유로운 신통을 성취하여 일체 모든 보살의 위
에 뛰어났으므로 만나기 어려우니라."

부처님이 보현보살에게 묻기를 권유하면서 먼저 보현보
살의 덕이 높음을 크게 드러내어 밝혔다. 즉 보현보살이 십정 법문의 설법의 주인이 될 것이므로 설법할 사람을 들어 보인 것이다.

종 어 무 량 보 살 행 생　　보 살 대 원　　실 이 청 정
從於無量菩薩行生하야 **菩薩大願**이 **悉已淸淨**

소 행 지 행　　개 무 퇴 전
하며 **所行之行**이 **皆無退轉**하며

"한량없는 보살의 행으로부터 나왔으며, 보살의 큰 서원을 이미 청정하게 하였고, 수행하는 행은 모두 물러나지 아니하였느니라."

보현보살은 불가사의한 자유로운 신통을 성취하여 특별히 뛰어난 분이라 만나기 어려울 뿐만 아니라 한량없는 보살의 행으로부터 나왔으며, 보살의 큰 서원을 이미 청정하게 하였고, 수행하는 행은 모두 물러나지 아니하였다고 하였다. 특히 일반 불자와는 달리 법으로부터 나온 것이 아니라 한량없는 보살의 행으로부터 나왔음을 밝혔다. 그래서 보현행을 일체 보살행 중에 으뜸으로 여긴다. 보현보살의 십

대행원⁴⁾이 곧 그것이다.

무 량 바 라 밀 문　　무 애 다 라 니 문　　무 진 변 재
無量波羅蜜門과　無礙陀羅尼門과　無盡辯才

문　　개 실 이 득　　　청 정 무 애
門을 皆悉已得하여 淸淨無礙하니라

　"한량없는 바라밀다문과 걸림 없는 다라니문과 다하지 않는 변재辯才의 문을 모두 얻어서 청정하여 걸림이 없느니라."

　또 보현보살은 한량없는 바라밀과 걸림 없는 다라니와 다하지 않는 변재를 모두 얻어서 청정하여 걸림이 없다. 보통의 법석에서도 법을 설하게 될 사람의 이력을 지나치게 설명하는 경우가 많다. 정작 법문의 내용은 그렇더라도 법을

---

4) 보현보살의 십대행원. ① 모든 부처님께 예경하다. ② 모든 여래를 찬탄하다. ③ 널리 공양을 수행하다. ④ 모든 업장業障을 참회하다. ⑤ 남의 공덕을 따라 기뻐하다. ⑥ 법륜 굴리기를 청하다. ⑦ 부처님이 세상에 오래 머무시기를 청하다. ⑧ 항상 부처님을 따라 배우다. ⑨ 항상 중생들을 수순하다. ⑩ 널리 다 회향廻向하다.

설할 사람의 이력이 훌륭하면 법이 높게 보이기 때문이기도
하다.

大悲利益一切衆生_{호대} 以本願力_{으로} 盡未來
대 비 이 익 일 체 중 생　　　이 본 원 력　　　진 미 래

際_{토록} 而無厭倦_{하나니} 汝應請彼_{하라} 彼當爲汝_{하야}
제　　이 무 염 권　　　여 응 청 피　　　피 당 위 여

說其三昧自在解脫_{하리라}
설 기 삼 매 자 재 해 탈

　"일체 중생을 크게 어여삐 여겨 이익하게 하고, 본래
의 원력으로 오는 세월이 끝나도록 게으름이 없느니라.
그대는 응당 그에게 법을 청하라. 그 보살이 마땅히 그
대를 위하여 삼매의 자유로운 해탈을 설하리라."

　보현보살이 무엇보다 훌륭한 점은 일체 중생을 크게 어
여삐 여기고 이익하게 하려는 마음이 있기 때문이다. 대승보
살불교는 언제나 일체 중생의 이익을 화두로 삼는다. 그것
이 불교가 세상에 존재하는 이유이기 때문이다. 또 보현보

살이 일체 중생을 이익하게 하는 데는 본래의 원력으로 오는 세월이 끝나도록 게으름이 없다. 소위 말뚝신심으로 누구나 한두 번은 남을 위해서 좋은 일을 할 수 있으나 10년, 20년, 30년을 계속해서 보살행을 하기는 참으로 어렵다. 보현보살은 이와 같이 훌륭한 분이므로 그에게 가서 질문하기를 부처님이 권유하셨다.

2) 보현보살의 이름을 듣고 이익을 얻다

이 시 회 중　　제 보 살 중　　문 보 현 명　　즉 시 획
爾時會中에 **諸菩薩衆**이 **聞普賢名**하고 **卽時獲**

득 불 가 사 의 무 량 삼 매
得不可思議無量三昧하야

그때에 법회에 모여 있던 모든 보살들이 보현의 이름을 듣고 곧바로 불가사의하고 한량없는 삼매를 얻었습니다.

보현보살이 그 옛날에 "내 이름만 들어도 삼악도의 고통

을 소멸하여지이다."라고 발원하였는가. 모든 보살들이 보현이라는 이름만 듣고도 곧바로 불가사의하고 한량없는 삼매를 얻었다. 만약 보현보살에 대해서 잘 안다면 실로 그와 같은 이익이 있을 것이다.

기 심 무 애   적 연 부 동   지 혜 광 대   난 가
其心無礙하야 **寂然不動**하며 **智慧廣大**하야 **難可**

측 량   경 계 심 심   무 능 여 등
測量하며 **境界甚深**하야 **無能與等**하며

그 마음은 걸림이 없고 고요하여 움직이지 아니하며, 지혜가 광대하여 헤아릴 수 없고, 경계가 매우 깊어서 더불어 같을 이가 없었습니다.

보현보살의 마음은 언제나 걸림이 없고 고요하여 움직이지 않는다. 또 그 지혜는 광대하여 누구도 측량할 수 없다. 보현보살의 경계는 깊고 깊어서 그 누구도 더불어 같을 이가 없다.

현전실견무수제불　　득여래력　　동여래
現前悉見無數諸佛하며 **得如來力**하며 **同如來**

성　　거래현재　　미불명조　　소유복덕　　불가
性하며 **去來現在**를 **靡不明照**하며 **所有福德**이 **不可**

궁진　　일체신통　　개이구족
窮盡하며 **一切神通**이 **皆已具足**하니라

이 자리에서 수없는 부처님을 뵈옵고, 여래의 힘을 얻어 여래의 성품과 같으며, 과거 미래 현재의 일을 밝게 비추지 못할 것이 없으며, 가지고 있는 복덕은 다할 수가 없고, 일체 신통을 다 구족하였습니다.

보현보살은 부처님을 친견하기 위해서 어디로 가는 것이 아니다. 앉은자리에서 무수한 부처님을 친견한다. 그러므로 여래의 힘을 얻어 여래의 성품과 같아서 과거 미래 현재의 일을 모두 밝게 비춘다. 또한 보현보살의 복덕이 얼마나 되는지를 알 수가 없다. 그리고 일체 신통을 다 구족하였다. 실로 보현보살의 덕을 다 설명한다면 미륵불이 태어날 때까지 설하더라도 다하지 못할 것이다.

3) 보현보살을 찾아도 찾지 못하다

기제보살   어보현소   심생존중   갈앙욕
其諸菩薩이 於普賢所에 心生尊重하야 渴仰欲

견   실어중회   주변관찰   이경부도   역
見하야 悉於衆會에 周徧觀察호대 而竟不覩하고 亦

불견기소좌지좌   차유여래위력소지   역시
不見其所坐之座하니 此由如來威力所持며 亦是

보현   신통자재   사기연이
普賢의 神通自在로 使其然耳니라

그 모든 보살들이 보현보살에게 존중하는 마음을 내
고 사모하여 친견하고자 하여 모인 대중들을 두루 관찰
하였으나 마침내 뵈올 수 없고, 또한 앉은 자리도 볼 수
없었습니다. 이것은 여래의 위신력으로 그러한 것이며,
또한 보현보살의 신통이 자유자재하므로 그렇게 되었을
뿐입니다.

법회에 모인 모든 보살들이 보현보살을 친견하고자 아
무리 찾아도 찾을 수 없었다. 그것은 여래의 위신력으로 그
러한 것이며 또한 보현보살의 신통이 자유자재하므로 친견

할 수 없었던 것이다.

이시 보안보살 백불언 세존 보현보
爾時에 **普眼菩薩**이 **白佛言**하사대 **世尊**하 **普賢菩**

살 금 하 소 재
薩이 **今何所在**니잇고

그때에 보안보살이 부처님께 여쭈었습니다. "세존이
시여, 보현보살은 지금 어디 있습니까?"

불언 보안 보현보살 금 현재 차 도량
佛言하사대 **普眼**아 **普賢菩薩**이 **今現在此道場**

중 회 친근아주 초무동이
衆會하야 **親近我住**하야 **初無動移**니라

부처님이 말씀하셨습니다. "보안이여, 보현보살은
지금 이 도량에 모인 대중 가운데서 나에게 가까이 있
으면서 처음부터 조금도 이동하지 않았느니라."

보안보살과 법회에 모인 모든 보살들이 아무리 찾아도

보현보살을 찾을 수 없어서 부처님께 보현보살이 지금 어디에 계시는지를 물었다. 그런데 부처님은 "보현보살은 지금이 도량에 모인 대중 가운데서 나에게 가까이 있으면서 처음부터 조금도 이동하지 않았느니라."라고 하시었다. 그렇다면 어째서 보현보살을 볼 수 없는 것인가?

시시   보안   급제보살   부갱관찰도량중회
是時에 普眼과 及諸菩薩이 復更觀察道場衆會

    주변구멱   백불언   세존   아등   금자
하야 周徧求覓하고 白佛言하사대 世尊하 我等이 今者

   유미득견보현보살   기신급좌
에 猶未得見普賢菩薩의 其身及座로소이다

이때에 보안보살과 여러 모든 보살들이 또다시 도량에 모인 이들을 살펴보면서 두루 찾다가 부처님께 여쭈었습니다. "세존이시여, 저희들은 지금도 오히려 보현보살의 몸이나 그의 앉은 자리마저도 아직 보지 못하였습니다."

불언　　여시　　선남자　여등　하고　이
佛言하사대 如是하다 善男子야 汝等이 何故로 而

부득견　　선남자　　보현보살　주처심심　　불
不得見고 善男子야 普賢菩薩의 住處甚深하야 不

가 설 고
可說故니라

부처님께서 말씀하셨습니다. "그러하니라, 선남자들
이여. 그대들이 무슨 까닭으로 보현보살을 보지 못하는
가. 선남자들이여, 보현보살의 머문 데가 매우 깊어서
설명할 수가 없는 까닭이니라."

보현보살을 볼 수 없는 것은 "보현보살의 머문 데가 매
우 깊어서 설명할 수가 없는 까닭이다."라고 하셨다. 보현
보살이 머문 데란 보현보살의 육신이 있는 곳이 아니라 보현
보살의 법력이 머문 곳을 의미하기 때문에 법력이 그와 같지
못하면 그를 볼 수 없다는 것이다. 즉 도가 같아야 가히 그
를 알 수가 있다는 것이다. 얼굴을 보고 육신을 본들 어찌
그를 보았다 하겠는가. 모든 선지식과 부처님을 친견하는
일도 그와 같은 이치이다.

보현보살 획무변지혜문 입사자분신정
普賢菩薩이 **獲無邊智慧門**하야 **入獅子奮迅定**

득무상자재용 입청정무애제 생여래
하며 **得無上自在用**하야 **入淸淨無礙際**하며 **生如來**

십종력 이법계장위신
十種力하야 **以法界藏爲身**하며

"보현보살은 그지없는 지혜문을 얻었고, 사자의 위엄 떨치는[獅子奮迅] 삼매에 들었으며, 위없이 자유로운 작용을 얻어 청정하여 걸림 없는 경계에 들어갔으며, 여래의 열 가지 힘을 내어 법계장藏으로써 몸을 삼았느니라."

보현보살이 머문 데가 깊고 깊은 까닭을 간략히 설명하는 가운데 법계장으로써 몸을 삼았다고 하였다. 즉 보현보살은 온 우주법계로써 몸을 삼았기 때문에 법계 그 자체가 곧 보현보살의 몸이라는 뜻이다. 그렇다면 보현보살을 친견하려면 법계 그 자체를 보현보살로 보아야 한다.

일체 여래　공소호념　　어일념경　실능증
一切如來의 共所護念으로 於一念頃에 悉能證

입삼세제불　무차별지　　시고여등　불능견
入三世諸佛의 無差別智일새 是故汝等이 不能見

이
耳니라

"일체 여래가 함께 수호하여 잠깐 동안에 세 세상 모든 부처님의 차별 없는 지혜를 증득하였으니, 그러므로 그대들이 볼 수 없느니라."

또 보현보살은 일체 여래가 함께 수호하여 잠깐 동안에 세 세상 모든 부처님의 차별 없는 지혜를 증득하였다. 그래서 보안보살과 다른 여러 보살들은 볼 수 없었다.

4) 삼매의 힘으로 찾아도 찾지 못하다

이 시　　보 안 보 살　　문 여 래　　설 보 현 보 살　　청
爾時에 普眼菩薩이 聞如來가 說普賢菩薩의 淸

정공덕   득십천아승지삼매   이삼매력
淨功德하고 得十千阿僧祇三昧하사 以三昧力으로

부변관찰   갈앙욕견보현보살   역불능도
復徧觀察하야 渴仰欲見普賢菩薩호대 亦不能覩하며

기여일체제보살중   구역불견
其餘一切諸菩薩衆도 俱亦不見이러니라

　그때에 보안보살이 여래께서 보현보살의 청정한 공
덕에 대해 말씀하심을 듣고 십천 아승지 삼매를 얻었
고, 그 삼매의 힘으로 두루 살펴보고 앙모仰慕하며 보현
보살을 보려 하였으나 또한 보지 못하였고, 그 외의 다
른 보살들도 모두 보지 못하였습니다.

　보안보살은 마음이 청정하고 신심이 수승하므로 여래께
서 보현보살의 청정한 공덕에 대해서 설명하심을 듣고 일만
[十千] 아승지 삼매를 얻었다. 신심이 뛰어난 사람은 다른 사
람의 훌륭한 행적에 대해 전해 듣기만 해도 감동과 환희를
얻게 된다. 수희찬탄隨喜讚歎의 공덕이 이와 같다. 보안보살
은 그 삼매의 힘으로 두루 살펴보고 앙모하며 보현보살을
보려 하였으나 또한 보지 못하였고, 그 외의 다른 보살들도

모두 보지 못하였다.

時_에 普眼菩薩_이 從三昧起_{하사} 白佛言_{하사대} 世
尊_하 我已入十千阿僧祇三昧_{하야} 求見普賢_{호대}
而竟不得_{하야} 不見其身及身業_과 語及語業_과 意
及意業_{하며} 座及住處_를 悉皆不見_{이로소이다}

그때에 보안보살이 삼매에서 일어나 부처님께 여쭈었습니다. "세존이시여, 제가 이미 십천 아승지 삼매에 들어가서 보현보살을 보려 하였으나 끝내 보지 못하였으며, 그의 몸이나 몸으로 짓는 업業이나, 말[言]이나 말로 짓는 업이나, 뜻이나 뜻으로 짓는 업을 보지 못하였으며, 그의 앉은 자리와 머무는 데도 모두 다 보지 못하였습니다."

보안보살이 보현보살을 보지 못한 것에 대해서 구체적으

로 들었다. 몸과 몸의 업과 말과 말의 업과 뜻과 뜻의 업과 앉은 자리와 머무는 데를 하나도 보지 못하였다.

佛言하사대 如是如是하다 善男子야 當知하라 皆
以普賢菩薩이 住不思議解脫之力이니라

부처님께서 말씀하셨습니다. "그러하니라, 그러하니라, 선남자여. 마땅히 알아라. 이것은 다 보현보살이 불가사의한 해탈에 머문 힘이니라."

같은 보살이라 하더라도 차원이 다르고, 법력이 다르고, 삼매의 힘이 다르고, 해탈이 다르다. 이와 같이 보현보살은 다 같은 보살이라 하더라도 그 법력이 다르므로 여래의 장자長子라 한다. 보현보살은 불가사의한 해탈에 머문 힘이 있다. 그러므로 보지 못한 것이다.

보안 어여의운하 파유인 능설환술문자
普眼아 於汝意云何오 頗有人이 能說幻術文字

중종종환상 소주처부 답언 불야 불
中種種幻相의 所住處不아 答言하사대 不也니이다 佛

언 보안 환중환상 상불가설 하황보
言하사대 普眼아 幻中幻相도 尙不可說이어든 何況普

현보살 비밀신경계 비밀어경계 비밀의경
賢菩薩의 秘密身境界와 秘密語境界와 秘密意境

계 이어기중 능입능견
界를 而於其中에 能入能見가

"보안이여, 그대는 어떻게 생각하는가? 어떤 사람이
요술하는 글자 가운데 있는 가지가지 요술 모양의 있는
데를 말할 수 있겠는가?" "말할 수 없습니다." "보안이
여, 요술 가운데 있는 요술의 모양도 오히려 말할 수 없
거든, 하물며 보현보살의 비밀한 몸의 경지와, 비밀한
말[言]의 경지와, 비밀한 뜻의 경지에 어떻게 들어갈 수
있으며 볼 수 있겠는가?"

부처님은 요술[幻術 마술]의 예를 들어서 설명하였다. "요술
을 하는 사람이 요술을 부리는 가운데 있는 요술의 모양을

오히려 말할 수 없거든, 하물며 보현보살의 비밀한 몸의 경지와, 비밀한 말의 경지와, 비밀한 뜻의 경지에 어떻게 들어갈 수 있으며 볼 수 있겠는가?"라고 하였다.

하이고 보현보살 경계심심 불가사의
何以故오 普賢菩薩의 境界甚深하야 不可思議

무유량이과량
며 無有量已過量이니

"무슨 까닭인가. 보현보살의 깊은 경계는 불가사의하며, 그 양量이 없으며, 이미 양量을 뛰어넘었느니라."

거요언지 보현보살 이금강혜 보입법
擧要言之컨댄 普賢菩薩이 以金剛慧로 普入法

계 어일체세계 무소행무소주 지일체
界하야 於一切世界에 無所行無所住하며 知一切

중생신 개즉비신 무거무래 득무단진
衆生身이 皆卽非身하며 無去無來하며 得無斷盡하

무 차 별　　　자 재 신 통　　무 의 무 작　　　무 유 동 전
며 無差別하며 自在神通이 無依無作하며 無有動轉

　　지 어 법 계 구 경 변 제
하며 至於法界究竟邊際니라

"중요한 점을 들어서 말하자면 보현보살은 금강과 같은 지혜로 법계에 두루 들어가 일체 세계에 갈 데도 없고, 머물 데도 없으며, 일체 중생의 몸이 곧 몸이 아닌 줄을 알며, 갈 것도 없고 올 것도 없고, 아주 끊어짐도 없고 차별도 없으며, 자유자재한 신통이 의지함도 없고 지음도 없으며, 옮겨지지도 아니하나 법계의 끝까지 이르느니라."

보현보살의 금강과 같은 지혜를 들어 그 지혜의 뛰어난 작용을 설명하였다. 즉 법계에 두루 들어가 일체 세계에 갈 데도 없고, 머물 데도 없으며, 일체 중생의 몸이 곧 몸이 아닌 줄을 아는 것 등이다.

선남자　약유득견보현보살　　약득승사
善男子야 **若有得見普賢菩薩**이어나 **若得承事**어나

약득문명　　약유사유　　약유억념　　약생
若得聞名이어니 **若有思惟**어나 **若有憶念**이어나 **若生**

신해　　약근관찰　　약시취향　　약정구멱
信解어나 **若勤觀察**이어나 **若始趣向**이어나 **若正求覓**

　　약흥서원　　상속부절　　개획이익　　무
이어나 **若興誓願**하야 **相續不絶**이면 **皆獲利益**하야 **無**

공과자
空過者니라

"선남자여, 만약 어떤 이가 보현보살을 보거나, 받들
어 섬기거나, 이름을 듣거나, 생각하거나, 기억하거나,
믿고 이해하거나, 부지런히 관찰하거나, 향하여 나아가
거나, 찾아다니거나, 서원을 내어 계속하고 끊어지지 아
니하면 모두 이익을 얻게 되고 헛되이 지나가지 아니하
리라."

보현보살을 친견하고, 받들어 섬기고, 이름을 듣고, 생각
하는 등으로 큰 이익을 얻어 결코 헛되지 않음을 밝혔다.

이시　　　보안　　급일체보살중　　어보현보살
爾時에 普眼과 及一切菩薩衆이 於普賢菩薩에

심생갈앙　　　원득첨근　　　작여시언　　　나무
心生渴仰하야 願得瞻覲하야 作如是言하사대 南無에

일체제불　　　나무보현보살　　　　여시삼칭
一切諸佛하며 南無普賢菩薩이라하야 如是三稱하고

두정예경
頭頂禮敬하니라

　　그때에 보안보살과 여러 보살들이 보현보살에게 앙
모하는 마음으로 뵈옵기를 원하여 "나무일체제불" "나
무보현보살" 하면서 이와 같이 세 번 일컫고 머리와 이
마를 땅에 엎드려 예경하였습니다.

　　부처님께서 보현보살의 훌륭한 덕에 대하여 설명하는 말
씀을 들은 보안보살과 다른 여러 보살들이 우러러 사모하
는 마음을 내어 "나무일체제불" "나무보현보살"이라고 하면
서 엎드려 예경하였다.

5) 다시 뵙고자 청하다

爾時_에 佛_이 告普眼菩薩_과 及諸衆會言_{하사대} 諸
佛子_야 汝等_은 宜更禮敬普賢_{하야} 慇懃求請_{하며}

그때에 부처님께서 보안보살과 여러 대중들에게 말
씀하셨습니다. "모든 불자들이여, 그대들은 마땅히 다
시 보현보살에게 절하고 은근하게 청하도록 하라."

又應專至觀察十方_{하야} 想普賢身_이 現在其前
_{하며} 如是思惟_{호대} 周徧法界_{하야} 深心信解_{하야} 厭
離一切_{하며} 誓與普賢_{으로} 同一行願_{하야} 入於不二
眞實之法_{하며}

"또 지성으로 시방을 관찰하고 보현보살이 앞에 있

는 줄로 생각하며, 이와 같이 생각하여 법계에 두루 하되 깊은 마음으로 믿고 이해하여 모든 것을 여의며, 맹세코 보현보살과 더불어 행行과 원願이 같아서 둘이 아닌 진실한 법에 들어가도록 하라."

其身이 普現一切世間하야 悉知衆生의 諸根差
別하며 徧一切處하야 集普賢道니 若能發起如是
大願하면 則當得見普賢菩薩하리라

"그 몸이 일체 세간에 널리 나타나서 중생들의 차별한 근성을 다 알고, 온갖 곳에서 보현의 도道를 모으기를 서원하도록 하라. 만일 이와 같은 큰 원을 일으키면 마땅히 보현보살을 보게 되리라."

부처님께서 대중들에게 보현보살을 친견할 수 있는 조건을 밝혔다. 그 조건이란 보현보살과 행과 원이 같아야 하고

보현보살의 도를 다 모아야 하는 등 모든 법력이 보현보살
과 같아야 한다는 것이다.

是<small>시</small>時<small>시</small>에 普<small>보</small>眼<small>안</small>이 聞<small>문</small>佛<small>불</small>此<small>차</small>語<small>어</small>하고 與<small>여</small>諸<small>제</small>菩<small>보</small>薩<small>살</small>로 俱<small>구</small>時<small>시</small>

頂<small>정</small>禮<small>례</small>하야 求<small>구</small>請<small>청</small>得<small>득</small>見<small>견</small>普<small>보</small>賢<small>현</small>大<small>대</small>士<small>사</small>하니라

그때에 보안보살이 부처님의 이 말씀을 듣고 여러
보살과 더불어 동시에 정례하고 보현보살[大士] 뵈옵기
를 청하였습니다.

6) 드디어 보현보살이 나타나다

爾<small>이</small>時<small>시</small>에 普<small>보</small>賢<small>현</small>菩<small>보</small>薩<small>살</small>이 卽<small>즉</small>以<small>이</small>解<small>해</small>脫<small>탈</small>神<small>신</small>通<small>통</small>之<small>지</small>力<small>력</small>으로 如<small>여</small>

其<small>기</small>所<small>소</small>應<small>응</small>하야 爲<small>위</small>現<small>현</small>色<small>색</small>身<small>신</small>하사 令<small>영</small>彼<small>피</small>一<small>일</small>切<small>체</small>諸<small>제</small>菩<small>보</small>薩<small>살</small>衆<small>중</small>으로

개 견 보 현　　친 근 여 래　　어 차 일 체 보 살 중 중
皆見普賢이 **親近如來**하야 **於此一切菩薩衆中**에

좌 연 화 좌
坐蓮華座하며

　그때에 보현보살이 곧 해탈과 신통의 힘으로 마땅하
게 형상의 몸을 나타내어 저 일체 모든 보살들로 하여
금 보현보살이 여래와 가깝게 하여 이 일체 보살 대중
가운데서 연꽃 자리에 앉았음을 모두 보게 하였습니다.

　드디어 보현보살이 대중들이 보기에 알맞은 모습을 나타
내어 일체 보살 대중들로 하여금 다 보게 하였다. 여래와 가
까이 있으면서 일체 보살 대중 가운데서 연꽃 자리에 앉아
있었다. 법이 아무리 높고 높더라도 결국 중생을 위한 법이
고 대중들을 위한 법이므로 대중들이 보기에 알맞은 모습으
로 나타내었다.

역 견 어 여 일 체 세 계 일 체 불 소　　종 피 차 제 상
亦見於餘一切世界一切佛所에 **從彼次第相**

속 이 래
續而來하며

　또 다른 일체 세계 일체 부처님이 계신 데서도 그곳으로부터 차례차례로 계속하여 옴을 보게 하였습니다.

　또 법회에 모인 일체 보살들로 하여금 다른 일체 세계 일체 부처님이 계신 데서도 그곳으로부터 차례차례로 계속하여 옴을 보게 하였다. 그토록 보지 못하던 일이 보현보살의 해탈과 신통의 힘으로 모두 성취되어 이제는 다른 모습들까지 다 보게 하였다.

　역 견 재 피 일 체 불 소　　연 설 일 체 제 보 살 행
亦見在彼一切佛所하야 **演說一切諸菩薩行**하며

　개 시 일 체 지 지 지 도　　천 명 일 체 보 살 신 통　　분
開示一切智智之道하며 **闡明一切菩薩神通**하며 **分**

　별 일 체 보 살 위 덕　　시 현 일 체 삼 세 제 불
別一切菩薩威德하며 **示現一切三世諸佛**케하신대

　또 저 일체 부처님 계신 데서 일체 모든 보살의 행

을 연설하며, 일체 지혜의 지혜를 열어 보이며, 일체 보살의 신통을 열어서 밝히며, 일체 보살의 위엄과 공덕을 분별하며, 일체 세 세상의 모든 부처님을 나타내어 보임을 보게 하였습니다.

또 보현보살의 해탈과 신통의 힘으로 다른 세계에서 모든 보살행을 연설하거나, 일체 지혜의 지혜를 열어 보이거나, 일체 보살의 신통을 열어 밝히는 것 등등의 일까지 다 보게 하였다. 보현보살을 친견함으로 이와 같이 온갖 일을 다 보게 된 것이다.

시시 보안보살 급일체보살중 견차신변
是時에 普眼菩薩과 及一切菩薩衆이 見此神變

기심용약 생대환희 막불정례보현보
하고 其心踊躍하야 生大歡喜하사 莫不頂禮普賢菩

살 심생존중 여견시방일체제불
薩하야 心生尊重호대 如見十方一切諸佛이러라

그때에 보안보살과 일체 보살들이 이러한 신통변화

를 보고 그 마음이 기뻐 뛰놀며 크게 환희하여 모두 다
보현보살에게 정례하며 존중하는 마음으로 시방의 일체
모든 부처님을 친견한 것과 같이 하였습니다.

보현보살의 행과 원은 곧 부처님의 행과 원이며 궁극적으
로 불교가 실천해야 할 행과 원이다. 그러므로 보현보살을
친견한다는 것은 곧 부처님을 친견하는 일이다. 그래서 부
처님을 친견하여 존중하는 마음을 내듯이 보현보살에게도
그와 같은 존중하는 마음으로 예경을 올리는 것이다.

시 시　이 불 대 위 신 력　　급 제 보 살 신 해 지 력
是時에 以佛大威神力과 及諸菩薩信解之力과

보 현 보 살 본 원 력 고　자 연 이 우 십 천 종 운
普賢菩薩本願力故로 自然而雨十千種雲하니

그때에 부처님의 큰 위신의 힘과 모든 보살들의 믿
고 이해하는 힘과 보현보살의 본래의 서원의 힘으로써
십천 가지 구름이 저절로 비 내리듯 하였습니다.

소위 종종 화운   종종 만운   종종 향운   종종
所謂種種華雲과 種種鬘雲과 種種香雲과 種種

말 향 운   종종 개운   종종 의운   종종 엄 구 운
末香雲과 種種蓋雲과 種種衣雲과 種種嚴具雲과

종종 진 보 운   종종 소 향 운   종종 증 채 운
種種珍寶雲과 種種燒香雲과 種種繪綵雲이며

이른바 갖가지 꽃 구름과 갖가지 꽃다발 구름과 갖
가지 향 구름과 갖가지 가루향 구름과 갖가지 일산 구
름과 갖가지 옷 구름과 갖가지 장엄거리 구름과 갖가지
보배 구름과 갖가지 사르는 향 구름과 갖가지 비단 구
름이었습니다.

불 가 설 세 계   육 종 진 동   주 천 음 악   기 성
不可說世界가 六種震動하며 奏天音樂에 其聲

원 문
이 遠聞하며

말할 수 없는 세계가 여섯 가지로 진동하며 하늘의
음악을 연주하니 그 소리가 멀리 들리었습니다.

불가설세계　　방대광명　　기광　　보조불가
不可說世界에 放大光明하니 其光이 普照不可

설세계　　영삼악취　　실득제멸　　엄정불가
說世界하야 令三惡趣로 悉得除滅하며 嚴淨不可

설세계　　영불가설보살　　입보현행
說世界하야 令不可說菩薩로 入普賢行하며

　　말할 수 없는 세계에 큰 광명을 놓으니 그 광명이 말
할 수 없는 세계를 두루 비추며, 세 나쁜 길이 모두 없
어져서 말할 수 없는 세계가 모두 깨끗하여지며, 말할
수 없는 보살로 하여금 보현의 행行에 들게 하였습니다.

불가설보살　　성보현행　　불가설보살　　어
不可說菩薩로 成普賢行하며 不可說菩薩로 於

보현행원　　실득원만　　성아뇩다라삼먁삼보
普賢行願에 悉得圓滿하야 成阿耨多羅三藐三菩

리
提케하시니라

　　말할 수 없는 보살이 보현의 행을 이루고, 말할 수
없는 보살이 보현의 행과 원을 모두 다 원만케 하여 최

상의 깨달음을 이루게 하였습니다.

　보현보살이 해탈과 신통의 힘으로 곧바로 형상의 몸을 나타내니, 부처님의 큰 위신의 힘과 모든 보살들의 믿고 이해하는 힘과 보현보살의 본래의 서원의 힘으로 십천 가지 구름이 저절로 비 내리듯 하여 축하하였다. 또 말할 수 없이 많은 세계가 여섯 가지로 진동하며, 하늘의 음악을 연주하니 그 소리가 멀리까지 들리었다. 또 말할 수 없이 많은 세계에 큰 광명을 놓으니 그 광명으로 삼악도가 소멸하였다. 그리고 가히 말할 수 없이 많은 보살들로 하여금 모두 다 보현의 행에 들어가게 하였다. 보현보살이 그 몸을 나타내기만 해도 그 위신력이 이와 같다.

　이시　　　보안보살　　백불언　　　세존　　보현보
爾時에 **普眼菩薩**이 **白佛言**하사대 **世尊**하 **普賢菩**

　살　　시주대위덕자　　주무등자　　주무과자　　주
薩은 **是住大威德者**며 **住無等者**며 **住無過者**며 **住**

불퇴자　주평등자　주불괴자　주일체차별법
不退者며 住平等者며 住不壞者며 住一切差別法

자　주일체무차별법자　주일체중생선교심
者며 住一切無差別法者며 住一切衆生善巧心

소주자　주일체법자재해탈삼매자
所住者며 住一切法自在解脫三昧者니이다

　　그때에 보안보살이 부처님께 여쭈었습니다. "세존이
시여, 보현보살은 큰 위엄과 덕망에 머무른 이며, 같을
이 없는 데 머무른 이며, 지나갈 이 없는 데 머무른 이
며, 물러나지 않는 데 머무른 이며, 평등한 데 머무른
이며, 무너지지 않는 데 머무른 이며, 일체 차별한 법에
머무른 이며, 일체 차별이 없는 법에 머무른 이며, 일체
중생이 공교한 마음으로 머물러 있는 데 머무른 이며,
일체 법에 자유로운 해탈과 삼매에 머무른 이입니다."

불언　　　여시여시　　보안　　여여소설
佛言하사대 如是如是하다 普眼아 如汝所說하야

보현보살　유아승지청정공덕
普賢菩薩이 有阿僧祇淸淨功德하니

부처님께서 말씀하셨습니다. "그러하니라, 그러하니라, 보안이여. 그대의 말과 같이 보현보살은 아승지 청정한 공덕이 있느니라."

이때에 보안보살이 보현보살이 큰 위엄과 덕망에 머물며, 같을 이 없는 데 머물며, 지나갈 이 없는 데 머무는 등 열 가지에 머무는 보살이라는 사실을 찬탄하고 나니 부처님께서 "그러하니라, 그러하니라."라고 인정하셨다. 그러고는 다시 보현보살에게 아승지 청정한 공덕이 있음을 설하셨다.

소위 무 등 장 엄 공 덕   무 량 보 공 덕   부 사 의
所謂無等莊嚴功德과 無量寶功德과 不思議

해 공 덕   무 량 상 공 덕   무 변 운 공 덕   무 변 제 불
海功德과 無量相功德과 無邊雲功德과 無邊際不

가 칭 찬 공 덕   무 진 법 공 덕   불 가 설 공 덕   일 체
可稱讚功德과 無盡法功德과 不可說功德과 一切

불 공 덕   칭 양 찬 탄 불 가 진 공 덕
佛功德과 稱揚讚歎不可盡功德이니라

"이른바 같을 이 없이 장엄한 공덕과, 한량없는 보배 공덕과, 불가사의한 바다 공덕과, 한량없는 상호 공덕과, 그지없는 구름 공덕과, 가없어 칭찬할 수 없는 공덕과, 다함없는 법의 공덕과, 말할 수 없는 공덕과, 모든 부처님의 공덕과, 칭찬으로 다할 수 없는 공덕이니라."

앞에서 보안보살이 보현보살의 열 가지 머무름에 대해서 밝힌 내용도 보현보살의 공덕이다. 또 부처님이 밝히신 열 가지 공덕도 역시 보현보살의 한량없는 공덕이다. 실로 보현보살의 수행과 서원의 공덕은 미래제가 다할 때까지 설명하더라도 다할 수 없다. 허공계가 다하고 중생계가 다하고 중생의 업이 다하더라도 다 설명할 수 없는 것이 보현보살의 공덕이다.

7) 설법하기를 권유하다

이 시　　여 래　　고 보 현 보 살 언　　　보 현　　여 응
爾時에 如來가 告普賢菩薩言하사대 普賢아 汝應

위 보 안　　급 차 회 중 제 보 살 중　　설 십 대 삼 매
爲普眼과 **及此會中諸菩薩衆**하야 **說十大三昧**하야

영 득 선 입　　성 만 보 현　소 유 행 원
令得善入하야 **成滿普賢**의 **所有行願**하라

　　그때에 부처님께서 보현보살에게 말씀하셨습니다.
"보현보살이여, 그대는 응당 보안보살과 여기 모인 모
든 보살들을 위하여 열 가지 큰 삼매를 말하여서 그들
로 하여금 보현의 온갖 행行과 원願에 잘 들어가서 원만
히 이루게 하도록 하라."

　　드디어 부처님께서 십정품十定品의 본론인 열 가지 큰 삼
매에 대해서 설법하기를 당부하였다. 열 가지 삼매를 설
하려면 보현보살과 같이 뛰어난 수행과 서원이 있어야 하
므로 먼저 설법할 보살의 크나큰 공덕에 대해 널리 밝힌
것이다.

8) 열 가지 삼매의 명칭

제 보 살 마 하 살　설 차 십 대 삼 매 고　영 과 거
諸菩薩摩訶薩이 **說此十大三昧故**로 **令過去**

보 살　이 득 출 리　현 재 보 살　금 득 출 리　미
菩薩로 **已得出離**하며 **現在菩薩**로 **今得出離**하며 **未**

래 보 살　당 득 출 리
來菩薩로 **當得出離**하나니

"모든 보살마하살이 이 열 가지 큰 삼매를 설함으로
써 과거 보살들은 이미 벗어났고, 현재 보살들은 지금
벗어나며, 미래의 보살들은 장차 벗어나게 되리라."

열 가지 큰 삼매를 설함으로써 과거 보살들은 이미 벗어
났고, 현재 보살들은 지금 벗어나고, 미래의 보살들은 장차
벗어나게 되리라는 것은 생사의 윤회와 일체 고통과 번뇌에
서 벗어나 깨달음의 세계로 들어간다는 뜻이다.

하 자　위 십　일 자　보 광 대 삼 매　이 자　묘
何者가 **爲十**고 **一者**는 **普光大三昧**요 **二者**는 **妙**

광 대 삼 매　　삼 자　　차 제 변 왕 제 불 국 토 대 삼 매
光大三昧요 三者는 次第徧往諸佛國土大三昧요

사 자　　청 정 심 심 행 대 삼 매　　오 자　　지 과 거 장 엄
四者는 淸淨深心行大三昧요 五者는 知過去莊嚴

장 대 삼 매
藏大三昧요

"무엇이 열인가. 하나는 넓은 광명 큰 삼매요[普光大三昧], 둘은 묘한 광명[妙光] 큰 삼매요, 셋은 여러 부처님 국토에 차례로 가는[次第徧往諸佛國土] 큰 삼매요, 넷은 청정하고 깊은 마음의 행인[淸淨深心行] 큰 삼매요, 다섯은 과거의 장엄한 갈무리를 아는[知過去莊嚴藏] 큰 삼매이니라."

육 자　　지 광 명 장 대 삼 매　　칠 자　　요 지 일 체 세
六者는 智光明藏大三昧요 七者는 了知一切世

계 불 장 엄 대 삼 매　　팔 자　　중 생 차 별 신 대 삼 매
界佛莊嚴大三昧요 八者는 衆生差別身大三昧요

구 자　　법 계 자 재 대 삼 매　　십 자　　무 애 륜 대 삼 매
九者는 法界自在大三昧요 十者는 無礙輪大三昧라

"여섯은 지혜 광명의 갈무리인[智光明藏] 큰 삼매요, 일

곱은 모든 세계의 부처님 장엄을 아는[了知一切世界佛莊嚴] 큰 삼매요, 여덟은 중생의 차별한 몸인[衆生差別身] 큰 삼매요, 아홉은 법계에 자유자재하는[法界自在] 큰 삼매요, 열은 걸림 없는 바퀴인[無礙輪] 큰 삼매이니라."

삼매는 불법 수행에서 대단히 중요한 덕목이므로 삼매에 대한 경전과 설명과 그 이름들이 매우 많다. 특히 화엄경에서는 매 품마다 삼매가 등장하지만 해인삼매를 가장 중심이 되는 삼매라 하여 화엄의 심오한 뜻을 나타낼 때 해인삼매로써 설명하기도 한다.

위에서 밝힌 바와 같이 화엄경에서는 열 가지 큰 삼매를 설하는데 전체 80권 중에 무려 4권이나 되는 많은 양으로 설하였고, 그 서두에서 이 삼매를 설할 보현보살에 대해서도 매우 장황하게 그 수행과 덕을 드러내었다.

가야산 해인사는 신라 화엄십찰華嚴十刹로서 화엄경을 전파하기 위해 건립된 사찰이다. 그래서 화엄경의 대표적인 뜻을 나타내는데 해인삼매라는 해인海印으로써 그 이름을 삼은 사찰이다.

삼매三昧를 사전적인 해석으로 다시 살펴보면 범어로는 Samādhi, 삼마제[三摩提·三摩帝]·삼마지三摩地라 음역하고, 정定·등지等持·정수正受·조직정調直定·정심행처正心行處 라고 번역한다. 산란한 마음을 한 곳에 모아 움직이지 않 게 하며, 마음을 바르게 하여 망념에서 벗어나는 것을 의미 한다.

해인삼매海印三昧란 범어로는 Sāgaramudrā-samādhi, 해 인정海印定이라고도 한다. 부처님이 화엄경을 설하려 할 때에 들어간 선정禪定의 이름이다. 즉 바다에 풍랑이 쉬면 삼라만 상이 모두 바닷물에 비치는 것과 같이 번뇌가 끊어진 부처님 의 정심定心 가운데 과거·현재·미래의 모든 법이 밝게 나 타나므로 해인정海印定이라 한다.

9) 법의 수승한 덕을 찬탄하다

(1) 사람을 들어 찬탄하다

차 십 대 삼 매   제 대 보 살   내 능 선 입   거 래
此十大三昧는 **諸大菩薩**이 **乃能善入**하며 **去來**

현 재 일 체 제 불　　이 설 당 설 현 설
現在一切諸佛이 **已說當說現說**이시니라

"이 열 가지 큰 삼매는 모든 큰 보살들이 능히 잘 들어갔으며, 과거 미래 현재의 모든 부처님이 이미 설했고, 장차 설하고, 지금 설하시느니라."

열 가지 큰 삼매에 대한 수승한 덕을 찬탄하는 내용이 계속된다. 먼저 이 열 가지 큰 삼매는 모든 큰 보살들이 능히 잘 들어갔으며, 과거 미래 현재의 모든 부처님이 이미 설했고, 장차 설하고, 지금 설하고 있음을 들어 수승한 법이라는 것을 증명하여 밝혔다.

(2) 수행을 들어 찬탄하다

약 제 보 살　　애 락 존 중　　수 습 불 해　　즉 득
若諸菩薩이 **愛樂尊重**하야 **修習不懈**하면 **則得**

성 취　　여 시 지 인　　즉 명 위 불　　즉 명 여 래
成就하리니 **如是之人**은 **則名爲佛**이며 **則名如來**며

역즉명위득십력인　　역명도사　　역명대도사
亦則名爲得十力人이며 亦名導師며 亦名大導師며

역명일체지　　역명일체견　　　역명주무애　　　역
亦名一切智며 亦名一切見이며 亦名住無礙며 亦

명달제경　　　역명일체법자재
名達諸境이며 亦名一切法自在니라

"만약 모든 보살들이 좋아하고 존중하여 닦아 익히고 게으르지 아니하면 곧 성취하게 되리니, 이와 같은 사람을 이름하여 곧 부처라 하고, 곧 여래라 하고, 또한 열 가지 힘을 얻은 이라 하고, 또한 인도하는 스승[導師]이라 하고, 또한 큰 인도하는 스승이라 하고, 또한 일체 지혜라 하고, 또한 온갖 것을 보는 이라 하고, 또한 걸림 없음에 머문 이라 하고, 또한 모든 경계를 통달한 이라 하고, 또한 일체 법에 자유로운 이라 하느니라."

수행을 들어 찬탄하는 내용이다. 이 열 가지 큰 삼매의 법은 만약 모든 보살들이 좋아하고 존중하여 닦아 익히면 곧 삼매를 성취하게 되고, 이 삼매의 법을 성취한 사람을 열 가지 이름으로 부를 수 있다. 그 열 가지 이름은 부처님, 여

래, 열 가지 힘을 얻은 사람, 도사, 대도사 등으로 모두가 부처님의 다른 이름이다. 열 가지 큰 삼매가 얼마나 수승한 법인지를 알 수 있는 내용이다.

차보살　보입일체세계　이어세계　무소
此菩薩이 普入一切世界호대 而於世界에 無所

착　보입일체중생계　이어중생　무소취
着하며 普入一切衆生界호대 而於衆生에 無所取하며

보입일체신　이어신　무소애　보입일체
普入一切身호대 而於身에 無所礙하며 普入一切

법계　이지법계무유변
法界호대 而知法界無有邊하며

"이 보살은 모든 세계에 두루 들어가되 세계에 집착하지 아니하며, 모든 중생 세계에 두루 들어가되 중생에게 취하는 것이 없으며, 모든 몸에 두루 들어가되 몸에 걸리지 아니하며, 모든 법계에 두루 들어가되 법계가 끝이 없음을 아느니라."

이 열 가지 큰 삼매를 성취한 보살은 모든 세계에 집착하지 아니하며, 모든 중생 세계에 취하는 것이 없으며, 모든 몸에 걸리지 아니하며, 모든 법계에 두루 들어가되 법계가 끝이 없음을 능히 잘 안다. 역시 열 가지 삼매가 수승함을 찬탄하였다.

친근삼세일체불　　명견일체제불법　　교
親近三世一切佛하며 **明見一切諸佛法**하며 **巧**

설일체문자　　요달일체가명　　성취일체보
說一切文字하며 **了達一切假名**하며 **成就一切菩**

살청정도　　안주일체보살차별행
薩清淨道하며 **安住一切菩薩差別行**하며

"삼세의 일체 부처님을 친근하며, 일체 모든 부처님의 법을 분명하게 보고, 모든 문자를 능숙하게 말하며, 일체 거짓 이름을 통달하고, 일체 보살의 청정한 도를 성취하며, 일체 보살의 차별한 행에 편안히 머무느니라."

열 가지 큰 삼매를 성취한 보살은 또 과거 현재 미래의 모든 부처님을 친견한다. 모든 부처님의 법을 분명하게 본다.

또 모든 문자를 능숙하게 말하는 등의 수행의 힘이 있다.

어 일 념 중　보 득 일 체 삼 세 지　　보 지 일 체 삼
於一念中에 普得一切三世智하며 普知一切三

세 법　　보 설 일 체 제 불 교　　보 전 일 체 불 퇴 륜
世法하며 普說一切諸佛教하며 普轉一切不退輪

　어 거 래 현 재 일 일 세　보 증 일 체 보 리 도　　어
하며 於去來現在一一世에 普證一切菩提道하며 於

차 일 일 보 리 중　보 료 일 체 불 소 설
此一一菩提中에 普了一切佛所說하나니라

"잠깐 동안에 일체 삼세의 지혜를 두루 얻으며, 일체
삼세의 법을 두루 알며, 일체 부처님의 가르침을 두루
말하며, 모든 물러나지 않는 바퀴를 두루 굴리며, 과거
미래 현재의 낱낱 세상에 일체 보리의 도道를 두루 증득
하며, 이 낱낱 보리에서 일체 부처님의 말씀하신 것을
두루 아느니라."

열 가지 큰 삼매를 성취한 보살은 잠깐 동안에 일체 삼세
의 지혜를 두루 얻으며, 일체 삼세의 법을 두루 알며, 일체 부

처님의 가르침을 두루 말하며, 모든 물러나지 않는 법의 바
퀴를 두루 굴리는 등의 수행의 힘이 있다. 열 가지 삼매의 능
력은 이와 같다.

(3) 법에 나아가 찬탄하다

차 시 제 보 살 법 상 문　　시 제 보 살 지 각 문
此是諸菩薩法相門이며 **是諸菩薩智覺門**이며

시 일 체 종 지 무 승 당 문　　시 보 현 보 살 제 행 원 문
是一切種智無勝幢門이며 **是普賢菩薩諸行願門**

　　시 맹 리 신 통 서 원 문
이며 **是猛利神通誓願門**이며

"이것은 모든 보살의 법상法相의 문이며, 이것은 모
든 보살의 지혜로 깨닫는 문이며, 이것은 일체 종지의
이길 이 없는 당기문幢旗門이며, 이것은 보현보살의 모든
행과 원願의 문이며, 이것은 용맹한 신통과 서원의 문
이니라."

시 일 체 총 지 변 재 문 　시 삼 세 제 법 차 별 문
是一切總持辯才門이며 是三世諸法差別門이며

시 일 체 제 불 시 현 문 　시 이 살 바 야 　안 립 일 체
是一切諸佛示現門이며 是以薩婆若로 安立一切

중 생 문 　시 이 불 신 력 　엄 정 일 체 세 계 문
衆生門이며 是以佛神力으로 嚴淨一切世界門이니라

"이것은 일체 것을 다 지닌 변재辯才의 문이며, 이것
은 삼세의 모든 법의 차별한 문이며, 이것은 일체 모든
부처님의 나타내 보이는 문이며, 이것은 살바야로써 일
체 중생을 안립安立하는 문이며, 이것은 부처님의 신통
으로 일체 세계를 청정하게 장엄하는 문이니라."

열 가지 삼매의 법에 나아가서 찬탄하였다. 열 가지 삼
매란 모든 보살의 법상의 문이며, 모든 보살의 지혜로 깨닫
는 문이며, 일체 것을 다 지닌 변재의 문이며, 삼세의 모든 법
의 차별한 문 등이라고 하였다.

(4) 증득함을 들어 찬탄하다

약보살 입차삼매 득법계력 무유궁진
若菩薩이 入此三昧하면 得法界力하야 無有窮盡

득허공행 무유장애 득법왕위 무
하며 得虛空行하야 無有障礙하며 得法王位하야 無

량자재 비여세간 관정수직
量自在가 譬如世間에 灌頂受職하며

"만일 보살이 이 삼매에 들어가면 법계의 힘을 얻어 다함이 없고, 허공같이 행함을 얻어 걸림이 없고, 법왕의 지위를 얻어 한량없이 자유로움이 마치 세간에서 정수리에 물을 부어 직책을 받음과 같으니라."

득무변지 일체통달 득광대력 십종
得無邊智하야 一切通達하며 得廣大力하야 十種

원만 성무쟁심 입적멸제 대비무외
圓滿하며 成無諍心하야 入寂滅際하며 大悲無畏가

유여사자
猶如獅子하며

"그지없는 지혜를 얻어 모든 것을 통달하며, 광대한

힘을 얻어 열 가지가 원만하며, 다투지 않는 마음을 이루어 고요한 경계에 들어가며, 크게 가엾이 여김으로 두려움 없음이 사자와 같으니라."

보살이 이 여러 가지 삼매를 얻으면 법계의 힘을 얻으며, 허공과 같은 행을 얻으며, 법왕의 지위를 얻는다. 또 그지없는 지혜를 얻으며, 광대한 힘을 얻으며, 다툼이 없는 마음을 성취하며, 크게 가엾이 여김으로 두려움 없음이 사자와 같이 된다. 삼매의 공능은 참으로 뛰어나서 일체 선한 법을 다 성취한다.

위 지혜 장부   연 정 법 명 등   일 체 공 덕   탄
爲智慧丈夫하며 **燃正法明燈**하며 **一切功德**을 **歎**

불 가 진   성 문 독 각   막 능 사 의
不可盡일새 **聲聞獨覺**이 **莫能思議**하며

"지혜 있는 대장부가 되어 바른 법의 등불을 밝히며, 일체 공덕을 이루어 찬탄을 다할 수 없으며, 성문이나 독각으로는 능히 헤아리지 못하느니라."

보살이 열 가지 삼매를 얻어 지혜가 뛰어난 대장부가 되어 부처님 정법의 등불을 온 세상에 환하게 밝힌다. 이 일이 수행의 가장 큰 목적이다. 석가모니 세존이 그렇게 하셨듯이 일체 보살도 지혜의 등불을 환하게 밝혀서 모든 사람들이 그 진리의 불빛을 받아 사람과 일체 존재의 실상을 깨달아 정직하고 선량하게 살게 하는 것이다. 육바라밀과 사섭법과 사무량심과 십선과 인의예지를 세상에 펼치며 살게 하는 것이다.

이와 같은 보살행을 어찌 성문과 독각들이 알 수 있으며 생각이나 할 수 있겠는가. 부처님의 제자로서 교회를 지어 주고 기독교인들이 살 집을 지어 주는 이 감동적인 보살행을 세상의 어느 소승 불자들이 알 수 있겠는가.

득 법 계 지   주 무 동 제   이 능 수 속   종 종
得法界智하야 住無動際호대 而能隨俗하야 種種

개 연   주 어 무 상   선 입 법 상   득 자 성 청 정
開演하며 住於無相호대 善入法相하며 得自性清淨

장   생 여 래 청 정 가   선 개 종 종 차 별 법 문
藏하야 生如來淸淨家하며 善開種種差別法門호대

이 이 지 혜   요 무 소 유
而以智慧로 了無所有하며

"법계의 지혜를 얻어 흔들리지 않는 경계에 머물렀지마는 능히 세속을 따라서 갖가지로 연설하며, 형상 없는 데 머물렀지마는 법의 모양에 잘 들어가며, 제 성품이 청정한 장藏을 얻어 여래의 청정한 가문에 태어나며, 갖가지 차별한 법문을 잘 열지마는 지혜로써 아무것도 없음을 아느니라."

삼매를 얻은 진정한 보살은 법계의 지혜를 얻어 흔들리지 않는 경계에 머물렀지마는 능히 세속을 따라서 갖가지로 연설한다. 비록 열반과 해탈과 견성과 화두 타파를 하였어도 세속에서 어리석어 고뇌하는 중생들에게 존재의 실상과 사람의 실상을 일깨워 주는 진리의 가르침을 연설하지 않는다면 그것은 진짜 불교를 하는 사람이 아니다. 소승 불자일 뿐이다.

선지어시　　상행법시　　개오일체　　명위
善知於時하야 常行法施하며 開悟一切일새 名爲

지자　보섭중생　　실령청정　　이방편지　시
智者며 普攝衆生하야 悉令淸淨하며 以方便智로 示

성불도　　이상수행보살지행　　무유단진
成佛道호대 而常修行菩薩之行하야 無有斷盡하며

입일체지방편경계　　시현종종광대신통
入一切智方便境界하며 示現種種廣大神通하나니

　"시기를 잘 알아서 항상 법으로 보시함을 행하고, 온
갖 것을 깨우쳐 지혜 있는 이라 이름하며, 중생들을 널
리 포섭하여 모두 청정케 하며, 방편의 지혜로 부처님
의 도 이룸을 보이지마는 보살의 행을 항상 닦아서 끊
임이 없으며, 일체 지혜와 방편의 경계에 들어가서 갖
가지 광대한 신통을 나타내 보이느니라."

　시고보현　여금응당분별광설일체보살　십
是故普賢아 汝今應當分別廣說一切菩薩의 十

대삼매　금차중회　함개원문
大三昧니 今此衆會가 咸皆願聞이니라

"그러므로 보현이여, 그대는 이제 응당 일체 보살의 열 가지 큰 삼매를 분별해서 설하도록 하라. 여기 모인 대중들이 모두 듣기를 원하느니라."

불교의 수행 덕목 중에 제일은 보시다. 보시에는 여러 가지가 있으나 법을 보시함을 으뜸으로 친다. 법을 보시하여 일체 미혹한 중생을 깨우치므로 지혜로운 이라고 이름한다. "방편의 지혜로 부처님의 도 이룸을 보이지마는 보살의 행을 항상 닦아서 끊임이 없다."는 것은 보살의 기본인 상구보리 上求菩提하고 하화중생下化衆生하는 일이다.

열 가지 삼매를 구체적으로 설하기 전에 위와 같은 온갖 덕을 설하고 나서 보현보살에게 "그대는 이제 응당 일체 보살의 열 가지 큰 삼매를 분별해서 설하도록 하라. 여기 모인 대중들이 모두 듣기를 원하느니라."라고 하면서 열 가지 삼매에 대해 설법할 주인임을 정하여 당부하였다. 이제 열 가지 삼매가 하나하나 설하여진다.

5. 열 가지 큰 삼매를 설하다

1) 보광명普光明 대삼매大三昧

(1) 다함이 없는 열 가지 법

이시에 보현보살이 승여래지하사 관보안등제
爾時에 **普賢菩薩**이 **承如來旨**하사 **觀普眼等諸**

보살중하고 이고지언하사대 불자야 운하위보살마
菩薩衆하고 **而告之言**하사대 **佛子**야 **云何爲菩薩摩**

하살의 보광명삼매오 불자야 차보살마하살이 유
訶薩의 **普光明三昧**오 **佛子**야 **此菩薩摩訶薩**이 **有**

십종무진법하니 하자가 위십고
十種無盡法하니 **何者**가 **爲十**고

이때에 보현보살이 여래의 뜻을 받들어 보안보살 등
모든 보살 대중들을 살펴보고 말하였습니다. "불자여,
어떤 것을 보살마하살의 넓은 광명 삼매[普光明三昧]라 하

는가. 불자여, 이 보살마하살이 열 가지의 다함이 없는
법이 있으니, 무엇이 열인가.”

이제 열 가지 삼매에 대하여 하나하나 설명하려고 한다.
첫째 보광명普光明 삼매다. 보광명 삼매에는 먼저 다함이 없
는 열 가지 법이 있음을 설하였다. 화엄경 7회 법회의 11품
설법이 보광명전에서 설해졌고, 그 첫 십정품의 첫 삼매 이름
이 보광명 삼매다. 이 보광명 삼매의 다함이 없는 열 가지
법이 아래에 설해진다.

소 위 제 불 출 현 지 무 진   중 생 변 화 지 무 진
所謂諸佛出現智無盡과 **衆生變化智無盡**과

세 계 여 영 지 무 진   심 입 법 계 지 무 진   선 섭 보
世界如影智無盡과 **深入法界智無盡**과 **善攝菩**

살 지 무 진
薩智無盡과

“이른바 모든 부처님이 나타나시는 지혜가 다함이
없고, 중생의 변화하는 지혜가 다함이 없고, 세계를 그

림자같이 여기는 지혜가 다함이 없고, 법계에 깊이 들어가는 지혜가 다함이 없고, 보살을 잘 거두는 지혜가 다함이 없느니라."

보살 불 퇴 지 무 진　　선 관 일 체 법 의 지 무 진
菩薩不退智無盡과 善觀一切法義智無盡과

선 지 심 력 지 무 진　　주 광 대 보 리 심 지 무 진　　주
善持心力智無盡과 住廣大菩提心智無盡과 住

일 체 불 법 일 체 지 원 력 지 무 진　　불 자　　시 명 보
一切佛法一切智願力智無盡이라 佛子야 是名菩

살 마 하 살　　십 종 무 진 법
薩摩訶薩의 十種無盡法이니라

"보살의 물러나지 않는 지혜가 다함이 없고, 일체 법의 뜻을 잘 관찰하는 지혜가 다함이 없고, 마음의 힘을 잘 가지는 지혜가 다함이 없고, 광대한 보리심에 머무르는 지혜가 다함이 없고, 일체 불법과 일체 지혜와 원력에 머무르는 지혜가 다함이 없느니라. 불자여, 이것을 보살마하살의 열 가지 다함이 없는 법이라 하느니라."

보광명 삼매에 열 가지 다함이 없는 법이 있음을 설하였는데 실은 그 내용이 모두 열 가지 지혜에 대한 것이다. 부처님과 중생과 세계와 법계와 보살 등에 대한 열 가지 지혜다. 불교 교학의 기본인 계학과 정학과 혜학의 순서로 볼 때 선정이 원만하면 지혜가 따라오게 되어 있는 것과 무관하지 않으며, 또 선정과 지혜를 함께 닦아야 온전한 닦음이라는 선불교의 가르침과도 같다. 그래서 삼매를 설하는 데 지혜가 따르고 지혜가 있음으로 다음으로 그지없는 큰 마음을 내게 됨을 밝혔다.

(2) 그지없는 열 가지 마음

佛子_야 此菩薩摩訶薩_이 發十種無邊心_{하나니} 何

等_이 爲十_고 所謂發度脫一切衆生無邊心_과 發承

事一切諸佛無邊心_과 發供養一切諸佛無邊心_과

"불자여, 이 보살마하살이 열 가지의 그지없는 마음

[無邊心]을 내나니, 무엇이 열인가. 이른바 일체 중생을 제도하려는 그지없는 마음을 내고, 모든 부처님을 받들어 섬기려는 그지없는 마음을 내고, 모든 부처님께 공양하려는 그지없는 마음을 내느니라."

발 보 견 일 체 제 불 무 변 심   발 수 지 일 체 불 법
發普見一切諸佛無邊心과 發受持一切佛法

불 망 실 무 변 심   발 시 현 일 체 불 무 량 신 변 무 변
不忘失無邊心과 發示現一切佛無量神變無邊

심   발 위 득 불 력 고   불 사 일 체 보 리 행 무 변 심
心과 發爲得佛力故로 不捨一切菩提行無邊心과

"모든 부처님을 널리 뵙고자 하는 그지없는 마음을 내고, 모든 부처님의 법을 받아 지니어 잊지 않으려는 그지없는 마음을 내고, 모든 부처님의 한량없는 신통변화를 나타내려는 그지없는 마음을 내고, 부처님의 힘을 얻기 위하여 온갖 보리의 행을 버리지 않으려는 그지없는 마음을 내느니라."

발보입일체지미세경계　　설일체불법무변
發普入一切智微細境界하야 說一切佛法無邊

심　　발보입불부사의광대경계무변심　　발어
心과 發普入佛不思議廣大境界無邊心과 發於

불변재　기심지락　　영수제불법무변심　　발
佛辯才에 起深志樂하야 領受諸佛法無邊心과 發

시현종종자재신　　입일체여래도량중회무변
示現種種自在身하야 入一切如來道場衆會無邊

심　　시위십
心이니 是爲十이니라

"온갖 지혜의 미세한 경계에 두루 들어가서 모든 부
처님의 법을 설하려는 그지없는 마음을 내고, 부처님의
불가사의한 광대한 경계에 널리 들어가려는 그지없는
마음을 내고, 부처님의 변재에 매우 좋아하는 마음을
일으키어 부처님의 법을 받으려는 그지없는 마음을 내
고, 갖가지 자유로운 몸을 나타내어 일체 여래의 도량
에 모인 대중 속에 들어가려는 그지없는 마음을 내는
것이니, 이것이 열이니라."

다음은 보광명 삼매에서 열 가지 그지없는 마음을 내는

것을 밝혔다. 이 열 가지 그지없는 마음을 내는 것도 모두 순서가 정연하다. 먼저 일체 중생을 제도하려는 마음이고, 다음은 부처님을 받들고, 부처님을 공양하고, 일체 부처님을 친견하고, 불법을 받아 지니고, 부처님의 한량없는 신통변화를 나타내려는 마음이다.

(3) 삼매에 들어가는 열 가지 차별한 지혜

_{불자} _{차 보 살 마 하 살} _{유 십 종 입 삼 매 차 별}
佛子야 **此菩薩摩訶薩**이 **有十種入三昧差別**

_지 _{하 자} _{위 십} _{소 위 동 방 입 정 서 방 기} _서
智하니 **何者**가 **爲十**고 **所謂東方入定西方起**와 **西**

_{방 입 정 동 방 기} _{남 방 입 정 북 방 기} _{북 방 입 정}
方入定東方起와 **南方入定北方起**와 **北方入定**

_{남 방 기} _{동 북 방 입 정 서 남 방 기} _{서 남 방 입 정 동}
南方起와 **東北方入定西南方起**와 **西南方入定東**

_{북 방 기} _{서 북 방 입 정 동 남 방 기} _{동 남 방 입 정}
北方起와 **西北方入定東南方起**와 **東南方入定**

_{서 북 방 기} _{하 방 입 정 상 방 기} _{상 방 입 정 하 방}
西北方起와 **下方入定上方起**와 **上方入定下方**

기　시위 십
起니 是爲十이니라

"불자여, 이 보살마하살이 열 가지의 삼매에 들어가
는 차별한 지혜가 있으니 무엇이 열인가. 이른바 동쪽
으로 선정에 들어 서쪽에서 일어나고, 서쪽으로 선정에
들어 동쪽에서 일어나고, 남쪽으로 선정에 들어 북쪽에
서 일어나고, 북쪽으로 선정에 들어 남쪽에서 일어나
고, 동북쪽으로 선정에 들어 서남쪽에서 일어나고, 서
남쪽으로 선정에 들어 동북쪽에서 일어나고, 서북쪽으
로 선정에 들어 동남쪽에서 일어나고, 동남쪽으로 선정
에 들어 서북쪽에서 일어나고, 아래쪽으로 선정에 들어
위쪽에서 일어나고, 위쪽으로 선정에 들어 아래쪽에서
일어나나니, 이것이 열이니라."

　보광명 삼매에서 큰 지혜가 다함이 없고 큰 마음이 그지
없고 다음으로 선정의 출입이 자재한 것을 밝혔다. 모두가
큰 지혜와 큰 마음을 말미암아서 삼매가 자재한 것이다. 장
소가 일정하게 고정되어 있지 않으며, 들어가고 나가는 것이
같지 않으므로 차별한 지혜라고 한다.

(4) 삼매에 들어가는 공교한 열 가지 지혜

불자 차 보살 마 하 살 유 십 종 입 대 삼 매 선 교
佛子야 **此菩薩摩訶薩**이 **有十種入大三昧善巧**

지 하 자 위 십
智하니 **何者**가 **爲十**고

"불자여, 이 보살마하살이 열 가지의 큰 삼매에 들어
가는 교묘한 지혜가 있으니, 무엇이 열인가."

불자 보살 마 하 살 이 삼천 대 천 세 계 위 일
佛子야 **菩薩摩訶薩**이 **以三千大千世界**로 **爲一**

연 화 현 신 변 차 연 화 지 상 결 가 부 좌 신
蓮華하며 **現身徧此蓮華之上**하야 **結跏趺坐**하며 **身**

중 부 현 삼 천 대 천 세 계 기 중 유 백 억 사 천
中에 **復現三千大千世界**하며 **其中**에 **有百億四天**

하
下하며

"불자여, 보살마하살이 삼천대천세계로써 한 연꽃을
삼고, 이 연꽃 위에 가득하게 몸을 나타내어 가부좌하
고 앉으며, 몸속에 다시 삼천대천세계를 나타내고, 그

가운데 백억 사천하가 있느니라."

삼매에 들어가는 공교한 열 가지 지혜 중에 네 가지를 밝혔다.

일일 사 천 하　현 백 억 신　일 일 신　입 백 억
一一四天下에 現百億身하며 一一身이 入百億

백 억 삼 천 대 천 세 계　어 피 세 계 일 일 사 천 하
百億三千大千世界하며 於彼世界一一四天下에

현 백 억 백 억 보 살 수 행
現百億百億菩薩修行하며

"낱낱 사천하마다 백억의 몸을 나타내고, 낱낱 몸이
백억씩 백억의 삼천대천세계에 들어가며, 저 세계의 낱
낱 사천하에서 백억씩 백억의 보살이 수행함을 나타내
느니라."

삼매에 들어가는 공교한 열 가지 지혜 중에 다시 세 가지
를 밝혔다.

일 일 보 살 수 행　　생 백 억 백 억 결 정 해　　일 일
一一菩薩修行에 生百億百億決定解하며 一一

결 정 해　　영 백 억 백 억 근 성 원 만　　일 일 근 성
決定解에 令百億百億根性圓滿하며 一一根性에

성 백 억 백 억 보 살 법 불 퇴 업　　연 소 현 신　　비
成百億百億菩薩法不退業하나니 然所現身이 非

일 비 다　　입 정 출 정　　무 소 착 란
一非多며 入定出定도 無所錯亂이니라

　"낱낱 보살의 수행에 백억씩 백억의 결정한 이해를
내고, 낱낱 결정한 이해마다 백억씩 백억의 근성을 원
만케 하며, 낱낱 근성마다 백억씩 백억의 보살의 법이
물러나지 않는 업을 이루게 하느니라. 그러나 나타내는
몸은 하나도 아니고 여럿도 아니며, 선정에 들고 선정
에서 나오는 것도 어수선하지 아니하니라."

　삼매에 들어가는 공교한 열 가지 지혜 중에 나머지 세 가
지를 밝혔다. 처음 삼천대천세계로써 한 연꽃을 삼아 보살
의 몸이 그 연꽃 위에 가부좌를 틀고 앉았다. 그 광경을 그
림으로 그려 보라. 얼마나 근사한가. 다시 연꽃 위에 앉아
있는 보살의 몸에서 삼천대천세계를 나타내는데 삼천대천

세계의 백억이나 되는 사천하가 그대로 펼쳐져 있다. 백억
사천하의 낱낱 사천하마다 백억의 몸을 나타내고, 낱낱 몸
이 백억씩 백억의 삼천대천세계에 들어가는 등의 모습을 그
려내고 있다. 열 가지 지혜를 하나의 그림으로 연결해 가며
펼쳐 보인다. 그리고 그 많은 백억이나 되는 보살의 몸은 자
유자재로 나타내 보여도 하나도 아니고 여러 개도 아니다.
하나가 곧 여럿이고 여럿이 곧 하나다. 또 그 몸이 선정에
들고 나가는 데 조금도 어수선하지 않다.

佛子야 如羅睺阿修羅王의 本身長이 七百由旬

化形長十六萬八千由旬하야 於大海中에 出

其半身하야 與須彌山으로 而正齊等하나니라

"불자여, 라후아수라왕의 본 몸의 길이는 칠백 유순이
고, 변화한 몸의 길이는 십육만 팔천 유순이니, 큰 바다
속에서 그 몸의 반만 드러내도 수미산 높이와 같으니라."

불자　피아수라왕　수화기신장십육만팔
佛子야 彼阿修羅王이 雖化其身長十六萬八

천유순　연역불괴본신지상　제온계처　실
千由旬이나 然亦不壞本身之相하고 諸蘊界處가 悉

개여본　심불착란
皆如本하야 心不錯亂하며

"불자여, 저 아수라왕이 비록 몸을 변화하여 길이가
십육만 팔천 유순이 되었지마는 그러나 그 본래 몸의
형상이 변하지 않고, 모든 오온五蘊과 십팔계十八界와 십
이처十二處도 모두 본래와 같아서 마음이 어수선하지 아
니하니라."

불어변화신　이작타상　어기본신　생비
不於變化身에 而作他想하고 於其本身에 生非

기상　본수생신　항수제락　화신　상현종
己想하며 本受生身에 恒受諸樂하고 化身도 常現種

종자재신통위력
種自在神通威力하나니

"변화한 몸에 대하여 다른 이라는 생각을 내지 않고,

본래 몸에 대하여 자기가 아니라는 생각도 내지 않으며, 본래 몸은 항상 여러 가지 즐거움을 받으면서 변화한 몸은 항상 여러 가지 자유로운 신통과 위력을 나타내느니라."

아수라왕의 몸의 크기와 능력을 자세히 들어서 보살의 수행을 비교하였다. 아수라왕의 본래 몸의 크기는 칠백 유순이나 되고, 만약 그 몸을 변화시킨다면 십육만 팔천 유순이나 된다. 깊은 바다에 들어가도 바다의 깊이는 반밖에 되지 않는다. 그 몸의 크기가 수미산 높이와 가지런하다. 그러나 몸을 그렇게 크게 만들어도 본래의 몸은 조금도 변화가 없으며, 오온과 십팔계와 십이처도 모두 본래와 같아서 마음이 어수선하지도 않다. 참으로 놀라운 능력이며 신통변화다.

불자   아 수 라 왕   유 탐 에 치   구 족 교 만
佛子야 阿修羅王이 有貪恚癡하야 具足憍慢호대

尙能如是變現其身이어든 何況菩薩摩訶薩이 能
深了達心法如幻하며 一切世間이 皆悉如夢하며 一
切諸佛의 出興於世가 皆如影像하며 一切世界가
猶如變化하며 言語音聲이 悉皆如響하고

"불자여, 아수라왕은 탐욕과 성내는 일과 어리석음
이 있고 교만을 갖추고도 오히려 능히 저렇게 몸을 변
화하느니라. 어찌 하물며 보살마하살이 마음의 법이 요
술과 같고, 일체 세간이 모두 꿈과 같고, 일체 모든 부
처님들이 세상에 출현하시는 것이 그림자와 같고, 일체
세계가 변화한 것과 같고, 말과 음성이 모두 메아리와
같은 줄 깊이 깨달아 아는 것이겠는가."

그런데 보살은 아수라왕과 같이 유형의 모습을 크게 만
드는 능력을 자랑하는 것이 아니고 아수라왕이나 모든 세
상 사람들이 다 실재한다고 여기는 마음의 법이 요술과 같

고, 일체 세간이 모두 꿈과 같고, 일체 모든 부처님들이 세상에 출현하시는 것이 그림자와 같고, 일체 세계가 변화한 것과 같고, 말과 음성이 모두 메아리와 같은 줄 깊이 깨달아 아는 것이다. 아수라왕과 보살은 견해가 다르고 안목이 다르고 지혜가 다르다는 것을 밝혔다.

見如實法하야 以如實法으로 而爲其身하며 知一

切法의 本性淸淨하며 了知身心의 無有實體하며 其

身이 普住無量境界하며 以佛智慧廣大光明으로 淨

修一切菩提之行가

"실상대로의 법을 보았고, 실상대로의 법으로 몸을 삼았으며, 일체 법이 본래 청정한 줄 알고, 몸과 마음이 진실한 자체가 없음을 알아서 그 몸이 한량없는 경계에 널리 있으며, 부처님의 지혜와 광대한 광명으로 일체 보리의 행을 청정하게 닦는 이겠는가."

또 보살은 실상대로의 법을 보았고, 실상대로의 법으로 몸을 삼았으며, 일체 법이 본래 텅 비어 청정한 줄 알고, 몸과 마음이 진실한 자체가 없음을 다 안다. 이와 같은 경지를 아수라왕이 어떻게 알겠는가.

(5) 삼매의 이익

불 자   보 살 마 하 살   주 차 삼 매   초 과 세 간
佛子야 **菩薩摩訶薩**이 **住此三昧**에 **超過世間**하고

원 리 세 간   무 능 혹 란   무 능 영 탈
遠離世間하야 **無能惑亂**하며 **無能映奪**하나니

"불자여, 보살마하살이 이 삼매에 머무름에 세간을 초월하고 세간을 멀리 떠나서 미혹하고 어지럽게 할 수도 없고 가려 버릴 수도 없느니라."

보광명 큰 삼매의 이익을 밝혀 마친다. 보살이 보광명 큰 삼매에 머물게 되면 세간을 초월하여 멀리 떠난다. 그래서

그를 미혹하게 할 수도 없고, 어지럽게 할 수도 없고, 가려 버릴 수도 없다. 세상을 멀리 초월한 사람을 어찌 미혹하게 할 수 있겠는가.

佛子야 譬如比丘가 觀察內身하야 住不淨觀에

審見其身이 皆是不淨인달하야 菩薩摩訶薩도 亦復

如是하야 住此三昧하야 觀察法身에 見諸世間이 普

入其身하야 於中에 明見一切世間과 及世間法호대

於諸世間과 及世間法에 皆無所着하나니 佛子야 是

名菩薩摩訶薩의 第一普光明大三昧善巧智니라

"불자여, 비유컨대 비구가 마치 몸속을 관찰하여 부정하다는 관념[不淨觀]에 머물면 몸이 다 부정한 줄을 보게 되느니라. 보살마하살도 그와 같아서 이 삼매에 머물러서 법의 몸[法身]을 관찰하며, 모든 세간이 그 몸에 두루 들어감을 보아 그 가운데서 일체 세간과 세간의 법을 분명히 보지마는 모든 세간과 세간의 법에 모두 집착하지 않느니라. 불자여, 이것을 이름하여 보살마하살의 제1 넓은 광명 큰 삼매의 교묘한 지혜[普光明大三昧善巧智]라 하느니라."

보살이 보광명 큰 삼매에 머물고 세간을 초월하여 멀리 떠나게 된 것을 비유를 들어 밝혔다. 소승 비구들은 초기불교에서 부정관을 배웠다. 이 몸이 부정하다는 것을 오래 관찰하다 보면 몸에 대한 애착을 떠나게 되어 자신의 몸을 스스로 버리게도 된다. 보살이 보광명 큰 삼매에 머물게 되면 육신이 아니라 법신法身을 관찰하며, 모든 세간이 그 몸에 두루 들어감을 본다. 또 법신에서 일체 세간과 세간의 법을 분명히 보지마는 모든 세간과 세간의 법에 일체 집착하지 않는다. 소승 비구가 몸을 보는 것과 대승 보살이 몸을 보는 것은 이와 같이 다르다. 이것이 보광명 삼매에 머무는 이익이다.

2) 묘광명妙光明 대삼매

(1) 삼매의 힘

佛子_야 云何爲菩薩摩訶薩_의 妙光明三昧_오 佛

子_야 此菩薩摩訶薩_이 能入三千大千世界微塵數

三千大千世界_{하야}

"불자여, 무엇을 보살마하살의 묘한 광명[妙光明] 삼매
라 하는가. 불자여, 이 보살마하살이 삼천대천세계의 작
은 먼지 수같이 많은 삼천대천세계에 능히 들어가며,

於一一世界_에 現三千大千世界微塵數身_{하며}

낱낱 세계마다 삼천대천세계의 작은 먼지 수같이 많
은 몸을 나타내며,

一一身에 放三千大千世界微塵數光하며

낱낱 몸에서 삼천대천세계의 작은 먼지 수같이 많은
광명을 놓으며,

一一光에 現三千大千世界微塵數色하며

낱낱 광명에서 삼천대천세계의 작은 먼지 수같이 많
은 빛을 나타내며,

一一色에 照三千大千世界微塵數世界하며

낱낱 빛마다 삼천대천세계의 작은 먼지 수같이 많은
세계를 비추어,

一一世界中에 調伏三千大千世界微塵數衆

생   시 제 세 계   종 종 부 동   보 살 실 지
生하야 是諸世界의 種種不同을 菩薩悉知하나니라

　낱낱 세계에서 삼천대천세계의 작은 먼지 수같이 많은 중생을 조복케 하느니라. 이러한 모든 세계가 가지각색으로 같지 아니한 것을 보살이 모두 다 아느니라."

　두 번째 묘광명妙光明 큰 삼매를 설하였다. 이 삼매의 힘은 보살이 삼천대천세계의 작은 먼지 수같이 많은 삼천대천세계에 능히 들어가서 낱낱 세계마다 삼천대천세계의 작은 먼지 수같이 많은 몸을 나타내고, 또 그러한 광명을 놓고, 또 그러한 중생들을 조복하게 하는 것이다.

　소 위 세 계 잡 염   세 계 청 정   세 계 소 인   세
　所謂世界雜染과 世界淸淨과 世界所因과 世

계 건 립   세 계 동 주   세 계 광 색   세 계 내 왕   여
界建立과 世界同住와 世界光色과 世界來往의 如

시 일 체   보 살 실 지   보 살 실 입
是一切를 菩薩悉知하고 菩薩悉入하며

"이른바 세계가 더러움과, 세계가 깨끗함과, 세계의 원인과, 세계가 건립되는 것과, 세계가 함께 머무르는 것과, 세계의 빛과, 세계가 오고가는 이러한 모든 것을 보살이 다 알고 보살이 다 들어가느니라."

是諸世界도 亦悉來入菩薩之身호대 然諸世界가 無有雜亂하고 種種諸法도 亦不壞滅이니라

"이 모든 세계도 또한 다 와서 보살의 몸에 들어가되 그러나 모든 세계는 복잡하거나 어지럽지 않고, 여러 가지 법도 파괴되지 아니하느니라."

묘광명妙光明 대삼매의 힘은 온갖 세계를 보살이 다 알고, 그 온갖 세계에 보살이 다 들어가며, 다시 세계가 보살의 몸에 들어가더라도 그 모든 세계는 복잡하거나 어지럽지 않고, 여러 가지 법도 파괴되지 아니하는 경지이다. 세계와 보살, 보살과 세계가 원융무애圓融無礙하여 상즉상입相卽相入하

는 삼매이다.

(2) 그림자의 비유

불자야　비여일출에　요수미산하야　조칠보산하면
佛子야 **譬如日出**에 **遶須彌山**하야 **照七寶山**하면

기칠보산과　급보산간에　개유광영이　분명현현하야
其七寶山과 **及寶山間**에 **皆有光影**이 **分明顯現**하야

"불자여, 비유하자면 마치 해가 떠서 수미산을 돌면서 칠보산七寶山을 비추면 그 칠보산과 보산寶山 사이에는 모두 그림자가 있어서 분명하게 나타나느니라."

청량스님의 소疏에 "보배 산의 그림자 비유 중에 먼저 비유를 들고 뒤에 '불자여, 보살마하살도 또한 다시 이와 같아서'라는 글 이하는 비유와 법을 합한 것이다. 비유 중에 다섯이 있으니, 1은 햇빛이 그림자를 나타냄을 밝혔다. 칠보산七寶山이란 곧 칠금산七金山인데 십지十地의 끝에 그 이름을 나열하였다. 다만 묘고산妙高山과 설향산雪香山은 제하였다. 산 사이에 일곱 향해香海가 있어서 그 바다가 해의 그림자를 나

타내고 산은 맑은 금으로써 또한 능히 그림자를 나타내었다."5)라고 하였다.

칠금산七金山이란 수미산을 중심으로 그 주위를 일곱 겹으로 둘러싸고 있는 높은 산이다. 모두 순금으로 이루어졌다고 하는데 그 이름은 유건타라(由乾陀羅, 지쌍산)·이사다라(伊沙陀羅, 지축산)·카제라가(佉提羅迦, 담목산)·소달리사나(蘇達梨舍那, 선견산)·아사간나(阿沙干那, 마이산)·비나달가(毘那怛迦, 상비산)·니민다라(尼民陀羅, 지지산) 등이다.

기 보 산 상　소 유 일 영　막 불 현 현 산 간 영 중
其寶山上에 所有日影이 莫不顯現山間影中하며

기 칠 산 간　소 유 일 영　역 실 영 현 산 상 영 중
其七山間에 所有日影도 亦悉影現山上影中하야

여 시 전 전 갱 상 영 현
如是展轉更相影現이어든

"그 보배 산 위에 있는 해의 그림자가 산 사이의 그

---

5) 〈一〉 寶山光影喩中 : 先喩. 後【佛子, 菩薩摩訶薩亦復如是】下, 合. 喩中
有五 : 一, 明日光現影 :【七寶山】者, 即七金山. 如十地末所列其名. 但除
妙高及雪香二山. 山間有七香海. 海現日影. 山以淨金亦能現影.

림자에 모두 나타나지 않는 것이 없고, 그 일곱 개의 산 사이에 있는 해의 그림자도 또한 산 위에 있는 그림자 속에 다 나타나서 이와 같이 서로서로 겹겹으로 나타나 느니라."

청량스님의 소에, "2 '그 보배 산 위'라는 글 이하는 두 그림자가 서로서로 나타남을 밝혔는데, 보살의 자신과 타인이 서로서로 섭입攝入함을 곧바로 비유한 것이다. 저 그림자가 밝은 것은 지금의 거울과 같다. 그래서 능히 서로 나타낸다."[6]라고 하였다.

혹설 일 영   출 칠 보 산   혹 설 일 영   출 칠 산
或說日影이 **出七寶山**하고 **或說日影**이 **出七山**

간   혹 설 일 영   입 칠 보 산   혹 설 일 영   입 칠
間하며 **或說日影**이 **入七寶山**하고 **或說日影**이 **入七**

산 간
山間이라하나니

6) 二【其寶山上】下, 明兩影互現. 正喻菩薩自他互入. 以彼影明淨, 如今之 鏡, 故能互現.

"혹은 해의 그림자가 칠보산七寶山에서 나온다 하고, 혹은 해의 그림자가 일곱 산 사이에서 나온다 하고, 혹은 해의 그림자가 칠보산七寶山에 들어간다 하고, 혹은 해의 그림자가 일곱 산 사이에 들어간다 하느니라."

청량스님의 소에, "3 '혹은 말하되 해의 그림자'라는 글이 하는 이름이 같지 아니함을 곧바로 밝혔다. 이를테면 물속의 본래의 그림자가 산 위의 그림자를 나타낼 때 여기에 나타난 그림자는 산 위에서 나와서 산 사이에 들어간다. 만약 산 위의 본래의 그림자가 물 가운데 그림자로 나타날 때에 여기에 나타난 그림자는 산 사이에서 나와서 칠금산 위로 들어간다. 그러므로 곧바로 들어갈 때가 곧 나오는 것이 된다. 비유한 것을 알 수 있으리라."[7]라고 하였다.

단 차 일 영　갱 상 조 현　무 유 변 제
但此日影이 **更相照現**하야 **無有邊際**언정

---

7) 三【或說日影】下, 正辨得名不同 : 謂水中本影, 現山上影時. 此所現影, 從山上出, 來入山間. 若山上本影, 現水中影時, 此所現影從山間出, 入七金山上. 故正入時即名為出. 所喻可知.

"다만 이 해의 그림자는 서로 비치고 서로 나타내어서 끝이 없느니라."

청량스님의 소에, "4 '다만 이 해의 그림자'라는 글 이하는 거듭 나타나서 다함이 없음을 밝혔다. 보살의 제석천의 그물과 같이 중중무진으로 나타나는 몸과 국토를 비유한 것이다."[8]라고 하였다.

體^체性^성非^비有^유며 亦^역復^부非^비無^무라 不^부住^주於^어山^산하고 不^불離^리於^어

山^산하며 不^부住^주於^어水^수하고 亦^역不^불離^리水^수인달하니라

"자체 성품은 있는 것도 아니고 또한 없는 것도 아니며, 산에 머물지도 않고 산을 떠나지도 않으며, 물에 머물지도 않고 또한 물을 떠나지도 않느니라."

청량스님의 소에, "5 '자체 성품'이라는 글 이하는 자체가 두 가지 치우친 변邊을 여읜 것을 밝혔다. 그러므로 능히 서

---

8) 四【但此日影】下, 明重現無盡. 喻菩薩帝網身土.

로 나타내지만 서로 섞이어 어지럽지 않다. 이를테면 취할
수 없으므로 있는 것이 아니며, 그림자로 나타난 것이 분명
하므로 없는 것이 아니다. 이루어지는 데 머물지 아니하여
있지 않으며, 이루는 것을 떠나지 아니하여 없는 것이 아니
다. 만약 고정되게 머문다면 능히 들어갈 수 없으며, 만약
떠난다면 서로 들어갈 수 없을 것이다. 그러므로 떠나지도
아니하고 머물지도 아니하여 바야흐로 능히 서로 들어가는
것이다."[9]라고 하였다.

(3) 법에 합하여 밝히다

<ruby>佛<rt>불</rt></ruby><ruby>子<rt>자</rt></ruby>야 <ruby>菩<rt>보</rt></ruby><ruby>薩<rt>살</rt></ruby><ruby>摩<rt>마</rt></ruby><ruby>訶<rt>하</rt></ruby><ruby>薩<rt>살</rt></ruby>도 <ruby>亦<rt>역</rt></ruby><ruby>復<rt>부</rt></ruby><ruby>如<rt>여</rt></ruby><ruby>是<rt>시</rt></ruby>하야 <ruby>住<rt>주</rt></ruby><ruby>此<rt>차</rt></ruby><ruby>妙<rt>묘</rt></ruby><ruby>光<rt>광</rt></ruby>

<ruby>廣<rt>광</rt></ruby><ruby>大<rt>대</rt></ruby><ruby>三<rt>삼</rt></ruby><ruby>昧<rt>매</rt></ruby>에 <ruby>不<rt>불</rt></ruby><ruby>壞<rt>괴</rt></ruby><ruby>世<rt>세</rt></ruby><ruby>間<rt>간</rt></ruby><ruby>安<rt>안</rt></ruby><ruby>立<rt>립</rt></ruby><ruby>之<rt>지</rt></ruby><ruby>相<rt>상</rt></ruby>하고 <ruby>不<rt>불</rt></ruby><ruby>滅<rt>멸</rt></ruby><ruby>世<rt>세</rt></ruby><ruby>間<rt>간</rt></ruby><ruby>諸<rt>제</rt></ruby>

<ruby>法<rt>법</rt></ruby><ruby>自<rt>자</rt></ruby><ruby>性<rt>성</rt></ruby>하며 <ruby>不<rt>부</rt></ruby><ruby>住<rt>주</rt></ruby><ruby>世<rt>세</rt></ruby><ruby>界<rt>계</rt></ruby><ruby>內<rt>내</rt></ruby>하고 <ruby>不<rt>부</rt></ruby><ruby>住<rt>주</rt></ruby><ruby>世<rt>세</rt></ruby><ruby>界<rt>계</rt></ruby><ruby>外<rt>외</rt></ruby>하며

---

9) 五【體性】下, 明體離二邊. 故能互現而無雜亂 : 謂取不可得故非有. 影現
分明故非無. 不住成上非有. 不離成上非無. 若有定住則不能相入. 若其離
者則無可相入. 故不離不住方能相入.

"불자여, 보살마하살도 또한 그와 같아서 이 미묘한 광명 넓고 큰 삼매[妙光廣大三昧]에 머무르면 세간이 제자리에 정돈되어 있는 것[安立之相]을 헐지도 않고, 세계의 온갖 법의 자기 성품을 없애지도 않으며, 세계의 안에 머물지도 않고, 세계의 밖에 머물지도 않느니라."

청량스님의 소에, "앞의 비유를 법과 합하는 가운데 곧바로 무너지지도 않고 머물지도 않음을 밝혔다. 그러므로 서로 들어가도 어지럽지 않다. 첫 두 구절은 성품과 형상을 무너뜨리지 않음을 밝혔으니 이를테면 만약 성품과 형상을 무너뜨린다면 서로 들어갈 수 없다. 다음 두 구절은 만약 안과 밖에 머물면 서로 들어가지 못한다. 이를테면 만약 세간 안에 머물면 몸이 세계를 에워싸지 못하고 만약 세계 밖에 머물면 세계에 두루 들어가지 못한다. 함께 머무름이 없으므로 능히 서로 들어간다."[10] 라고 하였다.

---

10) 法合中 : 直明不壞不住. 故得互入無亂 : 初二句明不壞性相. 謂若壞性相則無可相入. 次二句明若住內外, 則不能相入 : 謂若住世間內, 則不能身包世界. 若住世界外, 則不能遍入世界. 由俱無住, 故能互入.

어제세계　무소분별　　역불괴어세계지상
於諸世界에 **無所分別**호대 **亦不壞於世界之相**

관일체법일상무상　　역불괴어제법자성
하며 **觀一切法一相無相**호대 **亦不壞於諸法自性**하며

주진여성　　항불사리
住眞如性하야 **恒不捨離**하나니라

"모든 세계에 대하여 분별하는 바가 없으나 또한 세계의 형상을 파괴하지 않으며, 일체 법이 한 모양이어서 형상이 없음[一相無相]을 관찰하되 또한 모든 법의 제성품을 헐지도 아니하며, 진여의 성품에 머물러서 항상 여의지 아니하느니라."

보살이 미묘한 광명 넓고 큰 삼매[妙光廣大三昧]에 머무르면 세간의 현상과 세간 제법의 자성을 무너뜨리거나 없애지 않고, 또 세계의 안에 머물지 않고 밖에도 머물지 않는다. 또한 모든 세계에 대하여 분별하는 바가 없으나 세계의 형상을 파괴하지도 않는다. 또 일체 법이 한 모양이어서 형상이 없음을 관찰한다. 즉 일상一相은 무상無相임을 관찰한다. 또 제법의 성품을 그대로 둔 채로 진여의 자성에 머물러서 길이

떠나지 않는다. 이것이 보살이 미묘한 광명 넓고 큰 삼매에 머무는 힘이다.

(4) 마술사의 전체 비유[總喩]

1〉마술의 비유

불 자　　비 여 환 사　　선 지 환 술　　주 사 구 도
佛子야 譬如幻師가 善知幻術하야 住四衢道하야

작 제 환 사　　어 일 일 중 일 수 유 경　　혹 현 일 일
作諸幻事호대 於一日中一須臾頃에 或現一日하고

혹 현 일 야　　혹 부 현 작 칠 일 칠 야　　반 월 일 월
或現一夜하고 或復現作七日七夜와 半月一月과

일 년 백 년　　수 기 소 욕　　개 능 시 현　　성 읍 취
一年百年하며 隨其所欲하야 皆能示現하며 城邑聚

락　천 류 하 해　　일 월 운 우　　궁 전 옥 택　　여 시
落과 泉流河海와 日月雲雨와 宮殿屋宅하야 如是

일 체　　미 불 구 족
一切를 靡不具足호대

"불자여, 비유하자면 마치 마술사가 마술하는 방법을 잘 알고서 길 네거리에서 마술을 부리는데, 하루 안

에서 잠깐 동안에 혹 하루 낮을 나타내기도 하고, 혹 하루 밤을 나타내기도 하며, 또 혹은 7일 낮과 7일 밤을 나타내기도 하며, 반 달과 한 달과 일 년과 백 년을 나타내고, 나타내고자 하는 대로 모두 나타내기도 하며, 도시와 시골의 마을과 샘과 냇물과 강과 바다와 해와 달과 구름과 비와 궁전과 가옥과 같은 것들을 갖추지 못하는 것이 없느니라."

청량스님의 소에, "마술사의 교묘한 비유 가운데 둘이 있는데, 하나는 총유總喩이고, 두 번째 '마치 마술사가'라는 글 이하(P 140 참고)는 별달리 한 비유[別喩]이다. 총유 중에 먼저는 비유이고, 다음 '보살마하살도 또한 다시 이와 같아서' 아래의 글은 법과 합한 내용이다."[11]라고 하였다.

마술사가 마술로써 온갖 것을 다 나타내 보이는 것을 들었다. 네거리에서 모든 시간과 모든 공간과 일체 사물을 자유자재로 나타내 보인다고 가정을 하여 본래의 시간과 공간을 의지해서 마술 속에서의 시간과 공간을 나타내어 서로

---

11) 〈二〉幻師善巧喩中二:《一》總喩.《二》【如有幻師】下, 別喩.《一》總 喩中:先喩. 後【菩薩摩訶薩亦復如是】下, 合.

서로 들어감을 비유하여 보였다.

불 이 시 현 경 년 세 고　　괴 기 근 본 일 일 일 시
不以示現經年歲故로 **壞其根本一日一時**하며

불 이 본 시 극 단 촉 고　　괴 기 소 현 일 월 년 세　　환
不以本時極短促故로 **壞其所現日月年歲**하야 **幻**

상 명 현　　본 일 불 멸
相明現하고 **本日不滅**인달하니라

"그 나타내는 것이 몇 해가 된다고 해서 본래의 하루나 한 시간이 변동하지 아니하며, 본래의 시간이 지극히 짧다고 해서 그 나타내는 날과 달과 해가 변동하지 아니하여 마술의 모습으로 분명히 나타나지마는 본래의 날짜는 없어지지 아니하느니라."

앞과 뒤가 서로 장애되지 아니하고 서로 파괴되지 않는 모습을 밝혔다. 경문에서 설한 마술 이야기는, 경전을 결집할 당시에는 이와 같은 마술을 하는 마술사가 있었는지 모르겠으나 지금으로서는 상상도 못할 참으로 기상천외한 이

야기다. 시간을 마음대로 늘리고 줄이다니 어찌 그럴 수가 있겠는가. 또 도시와 시골의 마을과 샘과 냇물과 강과 바다와 해와 달과 구름과 비까지 마음대로 변화하여 나타낸다니 참으로 놀라운 일이다.

2〉 비유와 합하여 밝히다

보 살 마 하 살　　역 부 여 시　　　입 차 묘 광 광 대 삼
菩薩摩訶薩도 亦復如是하야 入此妙光廣大三

매　현 아 승 지 세 계　　입 일 세 계　　　기 아 승 지 세
昧에 現阿僧祇世界하야 入一世界호대 其阿僧祇世

계　일 일 개 유 지 수 화 풍　　대 해 제 산　　성 읍 취 락
界에 一一皆有地水火風과 大海諸山과 城邑聚落

　원 림 옥 택
과 園林屋宅과

"보살마하살도 또한 그와 같아서 이 묘한 광명 넓고 큰[妙光廣大] 삼매에 들고는 아승지 세계가 한 세계에 들어감을 나타내는데, 그 아승지 세계에는 낱낱이 땅과 물과 불과 바람과 큰 바다와 모든 산과 도시와 시골과

동산과 숲과 집들이 있느니라."

　마술을 하는 사람이 마술을 부릴 때 그 마술 속에서 모든 것을 다 나타내듯이 보살의 이 묘한 광명 넓고 큰[妙光廣大] 삼매에 들고는 무량 아승지 세계가 한 세계에 들어감을 나타낸다. 마치 밤하늘에 떠 있는 한량없는 별들의 세계가 우리가 사는 이 지구 안으로 들어오는 것과 같은 모습을 나타낸다. 이 지구 안에 무수한 별들이 들어와서 합하여도 서로 부서지거나 무너지거나 어지럽게 뒤섞이지 않는다. 서로서로의 자체 모양을 조금도 손상하는 바 없이 그대로 유지하면서 또한 함께한다. 마치 인드라그물의 구슬 그림자와 같다.

　보살의 삼매 속에서 나타내는 온갖 현상을 하나하나 열거한다. 삼매에서 나타낸 아승지 세계에는 낱낱이 땅과 물과 불과 바람과 큰 바다와 모든 산과 도시와 시골과 동산과 숲과 집들이 있다. 앞으로 계속해서 삼매 속에서 나타낸 갖가지 현상을 낱낱이 열거하여 보인다. 보살의 삼매의 위신력이 그와 같음을 밝히는 내용이다.

천궁용궁　야차궁　건달바궁　아수라궁
天宮龍宮과 夜叉宮과 乾闥婆宮과 阿修羅宮과

가루라궁　긴나라궁　마후라가궁　　종종장
迦樓羅宮과 緊那羅宮과 摩睺羅伽宮하야 種種莊

엄　개실구족
嚴이 皆悉具足하며

"천궁과 용궁과 야차궁과 건달바궁과 아수라궁과 가
루라궁과 긴나라궁과 마후라가궁이 있어 가지가지 장엄
이 모두 구족하였느니라."

욕계색계무색계　소천세계　대천세계　업
欲界色界無色界와 小千世界와 大千世界에 業

행과보　생차사피　일체세간　소유시절　수
行果報로 生此死彼와 一切世間에 所有時節인 須

유주야　반월일월　일세백세　성겁괴겁
臾晝夜와 半月一月과 一歲百歲와 成劫壞劫과

"욕계와 색계와 무색계와 소천세계와 대천세계와 업
과 행으로 받는 과보와 여기서 태어나서 저기에 죽는
일과 일체 세간에 있는 시절의 잠깐 동안과 낮밤과 반

달과 한 달과 한 해와 백 년과 이루어지는 겁과 무너지
는 겁이 있느니라."

잡염국토　청정국토　광대국토　협소국토
雜染國土와 **清淨國土**와 **廣大國土**와 **狹小國土**

　어중제불　　출흥어세　　불찰청정
에 **於中諸佛**이 **出興於世**하사 **佛刹清淨**하며

"더러운 국토와 청정한 국토와 광대한 국토와 작은
국토와 그 가운데서 모든 부처님이 세상에 출현하시어
부처님 세계가 청정함이 있느니라."

　보살중회　　주잡위요　　　신통자재　　교화
菩薩衆會가 **周帀圍遶**하며 **神通自在**하야 **教化**

중생　　　기제국토　소재방처　　무량인중　　실
衆生하며 **其諸國土**의 **所在方處**에 **無量人衆**이 **悉**

개충만
皆充滿하며

"보살 대중이 둘러앉았으며 신통이 자재하여 중생을

교화하며, 그 모든 국토의 가는 곳마다 한량없는 사람들이 모두 다 가득히 찼느니라."

수형이취 종종중생 무량무변 불가사
殊形異趣의 種種衆生이 無量無邊하야 不可思
의 거래현재 청정업력 출생무량상묘진
議며 去來現在의 淸淨業力으로 出生無量上妙珍
보 여시등사 함실시현 입일세계
寶하는 如是等事를 咸悉示現하야 入一世界하야

"형상이 특수하고 갈래가 다른 가지각색 중생들이 한량없고 그지없어 헤아릴 수 없으며, 과거 미래 현재의 청정한 업의 힘으로 한량없는 훌륭한 보배들을 출생하는 이와 같은 일을 모두 나타내어서 한 세계에 들어가게 하느니라."

여기까지 보살의 삼매 속에서 펼쳐 보이는 온갖 현상을 밝혔다. 이것은 하나와 많은 것이 서로 수용하되 같지 않은 이치[一多相容不同]를 밝힌 것인데 위에서 무수한 시간과 장소를 나타내는 것에 합하였다.

菩薩이 於此에 普皆明見하며 普入普觀하며 普思
普了하야 以無盡智로 皆如實知호대

"보살이 여기에 있어서 널리 다 보며, 널리 두루 들어가며, 널리 두루 살피며, 널리 두루 생각하며, 널리 두루 통달하며, 끝이 없는 지혜로 모두 사실과 같이 아느니라."

이 단락은 지혜로 밝게 살피어 어둡지 아니함을 밝혔는데, 앞에서 능히 마술을 부리는 일에 합하였다. 보살이 삼매를 증득하여 앉은 자리에서 촌보도 옮기지 아니하고 다 밝게 보아 널리 들어가고 널리 관찰하고 널리 생각하고 널리 통달하여 끝이 없는 지혜로 모두 사실과 같이 안다.

불 이 피 세 계 다 고　　괴 차 일 세 계　　불 이 차 세
不以彼世界多故로 **壞此一世界**하며 **不以此世**

계 일 고　　괴 피 다 세 계
界一故로 **壞彼多世界**니라

"저 세계가 여럿이라고 해서 이 한 세계를 파괴하지 아니하고, 이 세계가 하나라고 해서 저 여러 세계를 파괴하지도 아니하느니라."

이 단락은 근본과 지말支末을 깨뜨리지 않는 모습[不壞本末之相]에 합하였다.

하 이 고　　보 살　　지 일 체 법　　개 무 아 고　　시 명
何以故오 **菩薩**이 **知一切法**이 **皆無我故**로 **是名**

입 무 명 법 무 작 법 자
入無命法無作法者며

"무슨 까닭인가. 보살은 일체 법이 모두 '나'가 없음을 아는 연고로 이것을 이름하여 생명이 없는 법[無命法]과 지음이 없는 법[無作法]에 들어간 이라 하느니라."

크고 작은 세계가 서로서로 들어가도 무너지지 않는 까닭을 해석하는 내용이다. 먼저 보살은 일체 법이 모두 '나'가 없음을 알기 때문이다. 즉 일체 법이 고정된 실체가 없는 무아無我라는 사실을 깨달아 알기 때문이다. 그래서 마술사가 마술로 보이는 현상이나 보살이 삼매에서 나타내는 일이 자유자재한 것이다.

菩薩이 於一切世間에 勤修行無諍法故로 是名
住無我法者며

"보살은 일체 세간에서 다툼이 없는 법을 부지런히 수행하였으므로 이것을 이름하여 '나'가 없는 법에 머무른 이라 하느니라."

菩薩이 如實見一切身이 皆從緣起故로 是名住

무 중 생 법 자
無衆生法者_며

"보살은 일체 몸이 인연으로부터 일어난 줄을 사실
대로 아는 연고로 이것을 이름하여 중생이 없는 법에
머무른 이라 하느니라."

보살   지 일 체 생 멸 법   개 종 인 생 고   시 명 주
菩薩이 知一切生滅法이 皆從因生故로 是名住

무 보 가 라 법 자
無補伽羅法者_며

"보살은 일체 생멸하는 법이 모두 인연으로부터 생
긴 것임을 아는 연고로 이것을 이름하여 보특가라補特伽
羅가 없는 법에 머무른 이라 하느니라."

계속하여 보살이 삼매에 머무르므로 제법이 무아인 이치
를 아는 것을 밝혔다. 보특가라補特伽羅는 부특가라富特伽羅
· 복가라福伽羅 · 보가라補伽羅 · 불가라弗伽羅 · 부특가야富特
伽耶라고도 쓰며, 삭취취數取趣라 번역한다. 유정有情 또는 중

생의 아我를 말한다. 중생은 번뇌와 업의 인연으로 자주 6취에 왕래하므로 삭취취數取趣라고 한다. 보살이 삭취취가 없는 법에 머문 것이다.

보살   지 제 법   본 성 평 등 고   시 명 주 무 의 생
菩薩이 知諸法의 本性平等故로 是名住無意生
무 마 납 파 법 자
無摩納婆法者며

"보살은 모든 법의 본성품이 평등함을 아는 연고로 이것을 이름하여 마음대로 나는 일[意生]이 없고, 마납파摩納婆가 없는 법에 머무른 이라 하느니라."

보살   지 일 체 법   본 성 적 정 고   시 명 주 적 정
菩薩이 知一切法의 本性寂靜故로 是名住寂靜
법 자
法者며

"보살은 일체 법의 본성품이 고요함을 아는 연고로 이것을 이름하여 고요한 법에 머무른 이라 하느니라."

菩薩이 知一切法의 一相故로 是名住無分別法者며

"보살은 일체 법이 한 모양임을 아는 연고로 이것을 이름하여 분별없는 법에 머무른 이라 하느니라."

菩薩이 知法界無有種種差別法故로 是名住不思議法者며

"보살은 법계에 갖가지 차별한 법이 없음을 아는 연고로 이것을 이름하여 부사의한 법에 머무른 이라 하느니라."

삼매에 머문 보살은 모든 법이 본성이 평등하고, 본성이 적정하고, 일체 법이 하나의 모양이고, 법계에 갖가지 차별한 법이 없어서 끝내 평등함을 아는 연고로 몇 가지 이름을 얻게 됨을 밝혔다.

보살 근 수 일 체 방 편　 선 조 복 중 생 고 　시
菩薩이 勤修一切方便하야 善調伏衆生故로 是

명 주 대 비 법 자
名住大悲法者니라

"보살은 일체 방편을 부지런히 닦아서 중생을 잘 조
복하는 연고로 이것을 이름하여 크게 자비한 법에 머무
른 이라 하느니라."

보살이 삼매에 머물러 인무아人無我와 법무아法無我를 알
고 다시 동체대비同體大悲까지 얻어서 이로 말미암아 능히 이
理와 사事에 융통하게 된 것이다.

불 자 　보 살 　여 시 능 이 아 승 지 세 계 　입 일 세
佛子야 菩薩이 如是能以阿僧祇世界로 入一世

계 　지 무 수 중 생 　종 종 차 별 　견 무 수 보 살
界하야 知無數衆生의 種種差別하며 見無數菩薩의

각각 발취　관 무 수 제 불　처 처 출 홍　피 제 여
各各發趣하며 **觀無數諸佛**의 **處處出興**하며 **彼諸如**

래　소 연 설 법　기 제 보 살　실 능 영 수　역 견
來의 **所演說法**을 **其諸菩薩**이 **悉能領受**하며 **亦見**

자 신　어 중 수 행
自身이 **於中修行**이나

"불자여, 보살도 그와 같아서 능히 아승지 세계를 한
세계에 들게 하여 수없는 중생의 갖가지 차별함을 알
며, 수없는 보살의 각각 마음을 내어 나아감을 보며, 수
없는 부처님이 곳곳마다 출현하심을 관찰하여, 저 모든
여래께서 연설하시는 법문을 그 모든 보살들이 모두 듣
고 또한 자신도 그 가운데서 수행함을 보느니라."

이 내용은 위에서 많은 것이 하나에 들어감을 결론한 것
이다. 즉 일一과 다多가 걸림 없이 자유자재한 이치를 밝힌
덕이다.

연　불 사 차 처　이 견 재 피　역 불 사 피 처
然이나 **不捨此處**하고 **而見在彼**하며 **亦不捨彼處**

이 견 재 차 　　　 피 신 차 신 　 무 유 차 별 　　 입 법
하고 **而見在此**하나니 **彼身此身**이 **無有差別**하야 **入法**

계 고 　　 상 근 관 찰 　　 무 유 휴 식 　　 불 사 지 혜
界故며 **常勤觀察**하야 **無有休息**하야 **不捨智慧**하야

무 퇴 전 고
無退轉故니라

"그러나 이곳을 버리지 아니하고 저곳에 있음을 보
며, 또한 저곳을 버리지 아니하고 이곳에 있음을 보나
니, 저 몸과 이 몸이 차별이 없어 법계에 들어가는 까닭
이며, 항상 부지런히 관찰하고 쉬지 아니하나니 지혜를
버리지 아니하여 물러남이 없는 까닭이니라."

이 내용은 위에서 성품과 현상을 무너뜨리지 아니함을
결론한 것이다. 즉 저곳과 이곳, 저 몸과 이 몸이 서로 버리
거나 떠나지 아니하고 차별이 없어 법계에 들어가는 것이다.

(5) 마술사의 다르게 한 비유[別喩]

여 유 환 사 　　 수 어 일 처 　　 작 제 환 술 　 불 이 환
如有幻師가 **隨於一處**하야 **作諸幻術**호대 **不以幻**

地故_로 壞於本地_{하며} 不以幻日故_로 壞於本日_{인달하야}

"마치 마술하는 사람이 한 곳에서 여러 가지 마술을 할 적에 마술로 만든 땅이라고 해서 본래의 땅을 무너 뜨리지 아니하며, 마술로 만든 태양이라 해서 본래의 태양을 무너뜨리지도 아니하느니라."

마술사가 마술로 어떤 사물을 만들어도 그 본래의 사물을 파괴하지 않는다. 그래서 파괴되지 않는 모습을 다르게 비유하였다. 땅을 만들든 태양을 만들든 본래의 땅과 본래의 태양은 그대로이다.

菩薩摩訶薩_도 亦復如是_{하야} 於無國土_에 現有

國土_{하고} 於有國土_에 現無國土_{하며} 於有衆生_에 現

無衆生_{하고} 於無衆生_에 現有衆生_{하며} 無色現色_{하고}

색 현 무 색　　초 불 란 후　　후 불 란 초
色現無色호대 **初不亂後**하고 **後不亂初**하나니

"보살마하살도 또한 그와 같아서 국토가 없는 데서 국토 있는 것을 나타내고, 국토가 있는 데서 국토 없는 것을 나타내고, 중생이 있는 데서 중생 없는 것을 나타내고, 중생이 없는 데서 중생 있는 것을 나타내며, 물질이 없는 데서 물질을 나타내고, 물질이 있는 데서 물질이 없음을 나타내지마는, 처음이 나중을 어지럽히지 않고 나중이 처음을 어지럽히지도 아니하느니라."

보살마하살도 삼매에 마무르면 그와 같이 국토가 없는 데서 국토 있는 것을 나타내고, 국토가 있는 데서 국토 없는 것을 나타내는 등 있음과 없음이 자유자재하다.

보 살　　요 지 일 체 세 법　　실 역 여 시 동 어 환 화
菩薩이 **了知一切世法**이 **悉亦如是同於幻化**하야

지 법 환 고　　지 지 환　　지 지 환 고　　지 업 환　　지
知法幻故로 **知智幻**하며 **知智幻故**로 **知業幻**하며 **知**

지 환 업 환 이 기 어 환 지 관 일 체 업
智幻業幻已에 **起於幻智**하야 **觀一切業**이니라

"보살이 일체 세상 법을 아는 것도 또한 그와 같이 환화幻化와 같으니라. 법이 환幻임을 아는 연고로 지혜가 환임을 알고, 지혜가 환임을 아는 연고로 업業이 환임을 알며, 지혜가 환이고 업이 환임을 알고는 환과 같은 지혜를 일으켜 일체 업을 관찰하느니라."

삼매에 머문 보살은 환과 같은 자비와 지혜를 활용하여 중생을 교화한다. 환과 같은 지혜와 자비로 다시 환과 같은 중생을 제도하는 것이다.

여 세 환 자 불 어 처 외 이 현 기 환 역 불 어
如世幻者가 **不於處外**에 **而現其幻**하고 **亦不於**

환 외 이 유 기 처
幻外에 **而有其處**인달하야

"세상의 마술을 하는 이가 처소 밖에서 마술을 부리지도 아니하고, 마술 밖에 처소가 있는 것이 아님과 같

으니라."

　　마술은 반드시 의지하는 곳이 있음을 비유하였다. 앞에
서 본래의 시간과 처소를 의지하여 수많은 시간과 처소를
나타냄을 달리 비유하였다.

　　　　보살 마 하 살　　역 부 여 시　　불 어 허 공 외　　입
　　　菩薩摩訶薩도 亦復如是하야 不於盧空外에 入

세 간　　　역 불 어 세 간 외　　입 허 공　　　　하 이 고
世間하고 亦不於世間外에 入盧空하나니 何以故오

허 공 세 간　　무 차 별 고　　주 어 세 간　　　역 주 허 공
盧空世間이 無差別故로 住於世間하고 亦住盧空

하야

　　"보살마하살도 또한 그와 같아서 허공 밖에서 세간
에 들어오지도 아니하고, 또한 세간 밖에서 허공에 들
어가지도 아니하느니라. 왜냐하면 허공과 세간이 차별이
없는 까닭에 세간에 있으면서 또한 허공에도 있느니라."

삼매에 머문 보살에게는 세간과 텅 빈 허공이 차별이 없음을 밝혔다.

보살 마 하 살　어 허 공 중　능 견 능 수 일 체 세 간
菩薩摩訶薩이 於虛空中에 能見能修一切世間

종 종 차 별 묘 장 엄 업　어 일 념 경　실 능 요 지 무
種種差別妙莊嚴業하며 於一念頃에 悉能了知無

수 세 계　약 성 약 괴　역 지 제 겁　상 속 차 제
數世界의 若成若壞하며 亦知諸劫의 相續次第하야

능 어 일 념　현 무 수 겁　역 불 영 기 일 념 광 대
能於一念에 現無數劫호대 亦不令其一念廣大하나니

"보살마하살이 허공 속에서 일체 세간의 갖가지로 차별하고 묘하게 장엄하는 업을 보기도 하고 닦기도 하느니라. 잠깐 동안에 수없는 세계가 이룩되는 것과 파괴되는 것을 모두 알고, 또한 여러 겁이 서로 계속하는 차례도 알며, 한 생각에 수없는 겁을 나타내지마는 또한 그 한 생각을 넓고 크게 한 것도 아니니라."

시간이란 본래로 일념이 곧 한량없는 겁이고 한량없는 겁

이 곧 일념으로 되어 있으나 그것을 활용하기란 쉽지 않다. 그러나 삼매에 머문 보살은 일념이 곧 한량없는 겁이고 한량 없는 겁이 곧 일념이라는 사실을 알고 활용한다.

보살 마 하 살　득 부사 의 해 탈 환 지　　도 어 피
菩薩摩訶薩이 得不思議解脫幻智하야 到於彼

안　　주 어 환 제　　　입 세 환 수　　　사 유 제 법　　실
岸하며 住於幻際하야 入世幻數하야 思惟諸法이 悉

개 여 환　　불 위 환 세　　진 어 환 지　　요 지 삼 세
皆如幻하며 不違幻世하고 盡於幻智하야 了知三世가

여 환 무 별　　결 정 통 달　　심 무 변 제
與幻無別하며 決定通達하야 心無邊際니

　"보살마하살이 부사의한 해탈의 마술과 같은 지혜를 얻고 저 언덕에 이르며, 마술의 경계에 머물러서 세상 의 마술에 들어가며, 모든 법이 다 마술과 같은 줄을 생 각하여 마술인 세상과 어기지 아니하며, 마술인 지혜를 다하여 삼세가 마술과 더불어 다르지 아니함을 알며, 확 실하게[決定] 통달하여 마음이 끝이 없느니라."

삼매에 머문 보살이 불가사의한 해탈의 마술과 같은 지혜를 얻어 피안에 이른 경계들을 밝혔다. 마술과 같은 지혜[幻智]란 보살이 삼매에 머물면 그 삼매가 마술과 같은 삼매[如幻三昧]인데 그와 같은 삼매에서 나온 지혜이다. 여환삼매如幻三昧란 여환삼마지如幻三摩地라고도 하는데 마술하는 사람이 마술을 부리는 것과 같이 그 작용이 자재한 삼매라는 말이다. 보살이 이 삼매에 들어가면 마치 마술하는 사람이 제 뜻대로 온갖 것을 만들어 내지만 모두 공空한 것이어서 조금도 구애되지 않는 것과 같이 중생을 제도하는 상을 인식하지 않고 교화하는 작용이 자유자재함을 말한 것이다.

여 제 여 래　　주 여 환 지　　기 심 평 등　　　　보
如諸如來가　住如幻智하사　其心平等인달하야　菩

살 마 하 살　　역 부 여 시　　지 제 세 간　　개 실 여 환
薩摩訶薩도　亦復如是하야　知諸世間에　皆悉如幻

　　어 일 체 처　　개 무 소 착　　　무 유 아 소
하야 於一切處에　皆無所着하야　無有我所니라

"마치 모든 여래가 마술과 같은 지혜에 머물러서 마

음이 평등한 것처럼 보살마하살도 또한 그와 같아서 모든 세간이 모두 마술과 같음을 알고, 일체 곳에 아무런 집착함도 없고 내 것이란 것도 없느니라."

모든 여래께서 마술과 같은 지혜에 머물러 그 마음이 평등한 것과 같이 삼매에 머문 보살도 그와 같음을 증명하였다.

여 피 환 사　작 제 환 사　수 불 여 피 환 사　동 주
如彼幻師가 **作諸幻事**에 **雖不與彼幻事**로 **同住**

이 어 환 사　역 무 미 혹
나 **而於幻事**에 **亦無迷惑**인달하야

"저 마술하는 사람이 여러 가지 마술을 부릴 적에 비록 저 마술로 만든 일과 함께 있지는 않지만 마술로 만든 일에 또한 미혹되지 않는 것과 같으니라."

마술을 하는 사람이 마술을 하면서 미혹하지 않음을 비유하여 밝혔다.

보살마하살 역부여시 지일체법 도
菩薩摩訶薩도 亦復如是하야 知一切法하야 到

어피안 심불계아 능입어법 역불어법
於彼岸이나 心不計我가 能入於法하며 亦不於法에

이유착란 시위보살마하살 제이묘광명대
而有錯亂이니 是爲菩薩摩訶薩의 第二妙光明大

삼매선교지
三昧善巧智니라

"보살마하살도 또한 그와 같아서 일체 법을 알아 저 언덕에 이르지만 마음에는 내가 능히 법에 들어간다고 생각하지 않고, 또한 법에 착각하거나 어지럽지도 아니하느니라. 이것이 보살마하살의 제2 묘한 광명 큰 삼매의 교묘한 지혜이니라."

마술을 하는 사람이 마술을 하면서 미혹하지 않듯이 삼매에 머문 보살도 그와 같아서 일체 법을 알아 저 언덕에 이르지만 마음에는 내가 능히 법에 들어간다고 생각하지 않고, 또한 법에 착각하거나 어지럽지도 않다. 열 가지 삼매 중에 두 번째 묘한 광명 큰 삼매의 교묘한 지혜의 법이 이와 같음을 밝혔다.

화엄경 80권 중에 십정품十定品이 모두 4권이나 된다. 그 첫 권을 설하여 마쳤다.

십정품 1 끝
〈제40권 끝〉

華嚴經 構成表

分次	周次			內容	品數	會次
舉果勸樂生信分 (信)	所信因果周			如來依正	世主妙嚴品 第一 如來現相品 第二 普賢三昧品 第三 世界成就品 第四 華藏世界品 第五 毘盧遮那品 第六	初會
修因契果生解分 (解)	差別因果周	差別因		十信	如來名號品 第七 四聖諦品 第八 光明覺品 第九 菩薩問明品 第十 淨行品 第十一 賢首品 第十二	二會
				十住	昇須彌山頂品 第十三 須彌頂上偈讚品 第十四 十住品 第十五 梵行品 第十六 初發心功德品 第十七 明法品 第十八	三會
				十行	昇夜摩天宮品 第十九 夜摩天宮偈讚品 第二十 十行品 第二十一 十無盡藏品 第二十二	四會
				十迴向	昇兜率天宮品 第二十三 兜率宮中偈讚品 第二十四 十迴向品 第二十五	五會
				十地	十地品 第二十六	六會
				等覺	十定品 第二十七 十通品 第二十八 十忍品 第二十九 阿僧祇品 第三十 如來壽量品 第三十一 菩薩住處品 第三十二	七會
			差別果	妙覺	佛不思議法品 第三十三 如來十身相海品 第三十四 如來隨好光明功德品 第三十五	
		平等因果周	平等因		普賢行品 第三十六	
			平等果		如來出現品 第三十七	
托法進修成行分 (行)	成行因果周			二千行門	離世間品 第三十八	八會
依人證入成德分 (證)	證入因果周			證果法門	入法界品 第三十九	九會

（資料：文殊經典研究會）

會場	放光別	會主	入定別	說法別舉
菩提場	遮那放齒光眉間光	普賢菩薩為會主	入毘盧藏身三昧	如來依正法
普光明殿	世尊放兩足輪光	文殊菩薩為會主	此會不入定・信未入位故	十信法
忉利天宮	世尊放兩足指光	法慧菩薩為會主	入無量方便三昧	十住法門
夜摩天宮	如來放兩足趺光	功德林菩薩為會主	入菩薩善思惟三昧	十行法門
兜率天宮	如來放兩膝輪光	金剛幢菩薩為會主	入菩薩智光三昧	十迴向法門
他化天宮	如來放眉間毫相光	金剛藏菩薩為會主	入菩薩大智慧光明三昧	十地法門
再會普光明殿	如來放眉間口光	如來為會主	入刹那際三昧	等妙覺法門
三會普光明殿	此會佛不放光・表行依解法依解光故	普賢菩薩為會主	入佛華莊嚴三昧	二千行門
祇陀園林	放眉間白毫光	如來善友為會主	入獅子頻申三昧	果法門

如天 無比

1943년 영덕에서 출생하였다. 1958년 출가하여 덕흥사, 불국사, 범어사를 거쳐 1964년 해인사 강원을 졸업하고
동국역경연수원에서 수학하였다. 10여 년 선원생활을 하고 1976년 탄허스님에게 화엄경을 수학하고 전법, 이후
통도사 강주, 범어사 강주, 은해사 승가대학원장, 대한불교조계종 교육원장, 동국역경원장, 동화사 한문불전승가대
학원장 등을 역임하였다. 2018년 5월에는 수행력과 지도력을 갖춘 승랍 40년 이상 되는 스님에게 품서되는 대종사
법계를 받았다.
현재 부산 문수선원 문수경전연구회에서 150여 명의 스님과 300여 명의 재가 신도들에게 화엄경을 강의하고 있다.
또한 다음 카페 '염화실'(http://cafe.daum.net/yumhwasil)을 통해 '모든 사람을 부처님으로 받들어 섬김으로써 이
땅에 평화와 행복을 가져오게 한다.'는 인불사상(人佛思想)을 펼치고 있다.

저서로『무비스님의 유마경 강설』(전 3권),『대방광불화엄경 실마리』,『무비스님의 왕복서 강설』,『무비스님이 풀어
쓴 김시습의 법성게 선해』,『법화경 법문』,『신금강경 강의』,『직지 강설』(전 2권),『법화경 강의』(전 2권),『신심명
강의』,『임제록 강설』,『대승찬 강설』,『당신은 부처님』,『사람이 부처님이다』,『이것이 간화선이다』,『무비 스님과
함께하는 불교공부』,『무비 스님의 증도가 강의』,『일곱 번의 작별인사』, 무비 스님이 가려 뽑은 명구 100선 시리즈
(전 4권) 등이 있고 편찬하고 번역한 책으로『화엄경(한글)』(전 10권),『화엄경(한문)』(전 4권),『금강경 오가해』
등이 있다.

대방광불화엄경 강설 제40권

| 초판 1쇄 발행_ 2016년 5월 14일
| 초판 3쇄 발행_ 2020년 9월 2일

| 지은이_ 여천 무비(如天 無比)
| 펴낸이_ 오세룡
| 편집_ 박성화 손미숙 김정은 김영미
| 기획_ 최은영 곽은영
| 디자인_ 고혜정 김효선 장혜정
| 홍보 마케팅_ 이주하
| 펴낸곳_ 담앤북스
　　　　　서울특별시 종로구 새문안로3길 23 경희궁의 아침 4단지 805호
　　　　　대표전화 02)765-1251 전송 02)764-1251 전자우편 damnbooks@hanmail.net
　　　　　출판등록 제300-2011-115호
| ISBN 979-11-87362-01-2 04220

정가 14,000원